U0129240

南方的呼喚

台客著

文史哲詩叢

文史哲出版社印行

國家圖書館出版品預行編目資料

南方的呼喚 / 台客著. -- 初版 -- 台北市：
文史哲出版社, 民 113.01
　　頁；　　公分（文史哲詩叢；160）
ISBN 978-986-314-665-0（平裝）

863.51　　　　　　　　　　　　113001298

文 史 哲 詩 叢　160

南 方 的 呼 喚

著　　　者：台　　　　　　　　　客
出 版 者：文　史　哲　出　版　社
http://www.lapen.com.tw
e-mail：lapen@ms74.hinet.net
登記證字號：行政院新聞局版臺業字五三三七號
發 行 人：彭　　　正　　　雄
發 行 所：文　史　哲　出　版　社
印 刷 者：文　史　哲　出　版　社
臺北市羅斯福路一段七十二巷四號
郵政劃撥帳號：一六一八〇一七五
電話 886-2-23511028 ・傳真 886-2-23965656

實價新臺幣四〇〇元

二〇二四年（民一一三）一月初版

南方的呼喚

目　次

6 南方的呼唤

陳　序

陳福成

遊蹤處處，且行且吟

——賞析台客新詩集《南方的呼喚》

　　吾老友，兩岸著名詩人、一向有「現代白居易」之稱的台客，要出版他的第 14 本新詩集，邀序於予。雖深感學力不足，無以勝任，唯盛情難怯，也惟有勉力答應，希望不負所託。

　　台客於本書後附有一篇「後記」，我讀了其中一段深有所感。他說：「經過這一次罹癌震憾洗禮後，我感覺我的生命已危機四伏，可能離終點站不遠了……要趕快將自己歷年心血的結晶做一個了結，對自己也是對摯愛的詩神有所交待。」

　　筆者大約在十餘年前，將到六十大關時，突有親朋好友多人，不聲不響間就取得西方極樂世界簽證（不論你願不願意）。那時，我就如台客那樣的震撼，突然頓悟到是否我的「終點站」也不遠了！

　　驚恐之餘，決心把外面的玩樂、旅遊、無謂的應酬等等，能免則免，能砍則砍，集中全力於最愛的「著書立說」百年大業。當然，與健康有關的休息與運動不能廢，總之集中精力潛心著作，也是給自己一個交待。

　　回到台客《南方的呼喚》這本詩集，全書收錄 2016 至 2023 這八年間的創作共一百八十餘首。這些詩作，有些是懷人的，有些是感時的，有些是國內外四處旅遊的作品。大部分作品都曾發表在兩岸三地的文學刊物，有些還曾得過獎。值得一提的，台客的很多旅遊詩都附有相關照片，讓人讀後更為有感，這是台客細心的地方。

　　我們且先賞析一首 2016 年詩選裡的「敘利亞」一詩：

　　　　上帝不愛，阿拉不挺
　　　　敘利亞啊，我聽到
　　　　你在哭泣，哭聲一波波
　　　　沿著地中海一直傳來

　　　　海水已染紅了，卻仍有
　　　　逃亡的腳步，成千上萬
　　　　鐵蒺藜、攔路的關卡
　　　　啊！即使逃亡成功又如何？

　　　　而在國內，屋毀人亡
　　　　成群無辜的男女老幼
　　　　他們臨終前驚恐無助的
　　　　表情，向誰訴說？

　　　　砲彈砲彈，鎮日
　　　　在耳邊呼嘯

政客政客，你們
爭吵何時才休？

上帝不愛，阿拉不挺
敘利亞啊，我聽到
你在痛哭，哭聲一波波
沿著印度洋一直傳來

　　敘利亞位於亞洲西南部，處於中東的中心地帶，全國人口一千六百餘萬，面積十八點五萬平方公里，約台灣的五倍大。以往人民過著平安穩定的生活。然而，這一切就在十年前因美國的介入國內戰爭而全毀了。

　　敘利亞內戰開打數年，人民顛沛流離大量死亡。詩人台客從報上讀到了這種情況，懷著悲憫之心寫出了這首詩。「你在哭泣，哭聲一波波／沿著地中海一直傳來」「你在痛哭，哭聲一波波／沿著印度洋一直傳來」透過詩人悲憤的描寫，彷彿我們也能體會到敘利亞人民深沉的苦難！

　　再看一首 2017 年的旅遊詩「印度之旅九首」裡的其中一首「印度的牛隻」：

印度的牛隻
是幸福的
牠們被當成神聖
供奉在廟堂上

> 印度的牛隻
> 是不幸的
> 街頭上牠們一隻隻
> 瘦巴巴的啃著垃圾堆
>
> 印度的牛隻
> 是幸福的
> 鬧市郊區到處趴趴走
> 人們友善對待
>
> 印度的牛隻
> 又是不幸的
> 不吃不宰生育過多
> 眼看就要泛濫成災

　　四行四段的小品，寫印度的牛隻同時也在寫人。放任生育，缺乏照顧，到底是好還是不好？究竟是幸還是不幸？

　　印度是一個很「神」的國家，九成九的人民甘於貧窮，他們認為今生的貧窮是前世種的因，所以生活態度顯得消極聽天由命。世界上最髒、最亂、最窮、最悲慘（種姓制度）的國家，印度是集其大成者，不得不說印度真的有夠「牛」。

　　賞讀 2018 年詩選裡「寧夏之旅六首」之一的「寧夏的黃河」：

> 寧夏的黃河
> 是慈藹的母親

伸溫柔的手臂
撫慰各處土地的乾渴

稻米熟了
麥子熟了
還有各式各樣綠色蔬果
寧夏人呵得天獨厚

寧夏的黃河
是漂亮的母親
處處有幽美風景
讓人留連忘返

黃河石林的壯麗
沙坡頭的神奇
青銅峽 108 塔的神秘
黃河樓不輸黃鶴樓啊

寧夏的黃河
是神奇的母親
孕育了生命
滋潤了萬物的生長

　　黃河我們中國這條母親河，最了不起是她孕育了五千年的
中國文明，養育了中華民族代代子孫。黃河流經九省，由於經

常泛濫對大部分省分來說都是弊大於利,唯有流經寧夏這一段,卻是利大於弊。古語有云:「黃河百害,惟富一套」黃河水灌溉了兩岸的河套平原,富庶了兩岸的居民。「稻米熟了／麥子熟了／還有各式各樣的蔬果」「沙坡頭的神奇／青銅峽 108 塔的神秘／黃河樓不輸黃鶴樓啊」台客在旅遊過後,不禁為詩讚嘆,令人深有同感。

　　筆者曾和台客等六人於 2011 年秋組團到山西芮城參加一項省城盛會,會後順道遊覽山西各地風景區。其間六人也曾抵達山西黃河的風陵渡、大禹渡等地參觀,體驗黃河的浩蕩與溫柔,留下無限感動至今久久難忘。

　　以下且看 2019 年詩選「以約兩國之旅九首」賞讀其中一首「在哭牆」:

　　　在哭牆
　　　我也不能免俗的
　　　俯頭靠牆閉眼傾聽,隱隱
　　　有歷史的聲音傳來
　　　馬蹄雜沓聲、哭泣聲
　　　槍礮聲,敵人勝利的狂笑聲
　　　火焰熊熊燃燒的剝裂聲
　　　一直一直穿進我的耳膜
　　　是誰,拍了拍我肩膀
　　　該走了,我猛然驚醒
　　　額頭微微出汗,望向牆頭
　　　一隻和平鴿正停留其上

咕咕咕，似乎在對我
微微笑

　　台客這位行吟高手，每到一地旅遊，必有詩作產生。此次他到以色列、約旦兩國旅行，一口氣寫了九首詩，首首精彩。限於篇幅，僅能提出一首賞析，其餘的還請讀者自行翻閱內文欣賞。

　　哭牆位於以色列的首都耶路撒冷，耶路撒冷也是猶太教、基督教與伊斯蘭教三教共同的聖城、信仰中心，其政經背景複雜萬分。

　　哭牆的歷史背景已有幾千年，如今已成觀光旅遊的熱門景點。詩人台客萬里迢迢從台灣來到哭牆，自然也要感受體驗一番。他學習當地的信徒，「俯頭靠牆閉眼傾聽」，然後憑著詩人敏銳的感覺「隱隱／有歷史的聲音傳來／馬蹄雜沓聲、哭泣聲／槍礮聲，敵人勝利的狂笑聲／火焰熊熊燃燒的剝裂聲／一直一直穿進我的耳膜」這五行詩是詩中的精華，把哭牆幾千年的歷史一一道盡。古人有南柯一夢，夢覺一生；今有詩人台客俯首哭牆，聽盡千年。兩者實有異曲同工之妙。

　　以下賞析 2020 年詩選裡較特別的一首詩「妳的到來：給 2019 年 4 月 8 日出生的孫女廖容宣」：

妳的到來
像一陣春風
悄悄吹拂
喚醒了我久蟄的心

妳的到來
像一場春雨
龐龐沛沛
澆灌了我渴望的情

人間四月天
處處有溫暖
處處枝頭百花鬧
處處百鳥喜迎春

敲個鑼吧打個鼓吧
鄭重向大家宣布
妳的到來，我們
迎接一個嶄新「宣」時代

　　現代的年輕人不婚族很多，即使結婚了不生族也很多，導致全台人口節節下降早已「生不如死」。以前的人生育多，要當阿公相對容易，如今的人生育少，要當阿公就好像中愛國獎券般不易。台客夫婦育有一兒一女，兩人也是不婚族成員。兒子好不容易在將近四十大關才勉強結婚，幸好婚後數年終於等到好消息，媳婦生下了一個寶貝孫女，他的高興可知。高興的程度，甚至要「敲個鑼吧打個鼓吧／鄭重向大家宣布」。

　　以下賞析 2021 年詩選裡的一首「悲摧阿富汗」：

悲摧阿富汗
南越 2、0 翻版
46 年前在西貢
46 年後喀布爾
不同的時空
彷彿相同的場景：
一架直昇機匆匆起飛
滿載逃離的大使館官員
而更多更多的百姓
像螻蟻般四處奔逃
上天無路入地無門
塔利班的機槍開始掃射了
啊啊！悲摧阿富汗
靠山山崩靠牆牆倒
可恨可恥的總統先生
您竟先逃了，專機上
滿載美金、金條
國破了，逃往何處？
家沒了，奔向何方？

　　兩年前，美國突然匆匆從阿富汗撤軍，導至阿國政權淪入
塔利班神學士恐怖組織之手，人民陷入更深的惡夢與苦難。台
客從報紙電視上看到阿國人民的逃亡潮，不禁有感而發的寫下
了這首詩。譴責美國的背信忘義，譴責塔利班的諸多惡行，也
譴責阿國總統先生的貪生怕死。

　　本文一開始說台客有「現代白居易」美稱，是因為他的詩觀與理念，寫詩是要讓讀者看得懂，能夠進入詩中的境界，感知讀詩的美好與享受。『南方的呼喚』這本詩集裡，相信只要你仔細認真閱讀，沒有一首不是如此的。

　　台客的詩除了有「白居易風」，筆者感覺也有「杜甫風」。在我們中國幾千年的文學史上，只有杜甫的詩被稱為「詩史」。因為杜甫的作品都是當時社會狀況的反應，記錄當時人民的苦難。台客的這本詩集中也是，有很多詩都是針對國內外政治局勢而發，勇敢揭露戰爭的可怕與政客無恥的嘴臉。如這首「悲摧阿富汗」及前段賞析的「敘利亞」，以及書中的「啊！海地」、「戰爭八首」、「以巴戰爭三首」、「一群綠蠅」、「衛生紙之亂」等等。詩是歷史的見證，我們為詩人台客喝采！

　　再看一首 2022 年詩選裡的「香港」：

　　　　　　一

　　英國人來了
　　英國人走了
　　一個落後的小漁村
　　一個繁華的大城市

　　太平山上往下望
　　維多麗亞港多繁忙
　　金紫荊廣場走一回
　　天壇大佛照個相

二

祖國東南方海隅
一顆耀眼的明珠
紫荊花開得正燦爛
東方緩緩升起紅太陽

港珠澳大橋上
來往車輛正奔忙
風馳電掣超音速
京港高鐵已進站

『香港文藝報』為慶祝創刊20週年暨慶祝香港回歸25週年，舉辦了「我為香港寫首詩」全球華語詩歌大賽，台客參與此項大賽，以此首「香港」一詩榮獲「優秀獎」。除頒予獎狀外，詩作也編入『我為香港寫首詩』一書。

本詩中最令人驚豔的是首段「英國人來了／英國人走了／一個落後的小漁村／一個繁華的大城市」短短四行詩26個字，寫盡了香港的百年的滄桑史，詩的跨度之大，令人浮想聯翩。這四行詩若要以散文來寫，可能可以寫成一本大書呢！

最後，我我們欣賞2023年詩選裡「以巴戰爭三首」裡的一首「加薩走廊」：

一個大型的露天監獄
三面陸界被鐵皮高牆包圍
一面瀕臨地中海

也被敵方以船艦嚴密監控

面積僅約一個台北市大
卻擠了兩百多萬人口
人民在貧窮線上掙扎
很多小孩來不及長大

仇恨從小植入他們腦裡
哪裡有壓迫哪裡就有反抗
猶太人欺我太甚
我們誓死與汝周旋到底

一個天剛拂曉的清晨
哈瑪斯戰士終於展開了行動
漫天的火箭彈齊發
中東火藥庫再次大爆炸

　　2023 年國際上最驚爆的大新聞，是「以巴戰爭」取代了「俄烏之戰」。巴勒斯坦哈馬斯政權何以敢以弱搏強，以小搏大？從台客的詩中我們可以略為了解。加薩走廊已成「一個大型的露天監獄」，人民「在貧窮線上掙扎／很多小孩來不及長大」。凡有壓迫必有反抗，壓迫愈大反抗也愈強。巴勒斯坦人即使犧牲生命也要和迫害他們侵奪他們土地的猶太人對抗到底，不幸的戰爭終於全面爆發了。如今戰事仍在持續，這是以巴兩國人民的不幸，也是全世界人類的不幸。

　　總之，台客是一位勤奮的詩人，他從年輕時喜歡詩開始寫詩，至今已度過半世紀時光。五十年來，台客遊蹤處處且行且吟，創作豐碩。繼四年前出版『種詩的人』之後，如今又將推出他的第 14 本詩集『南方的呼喚』，我們恭喜他。

　　　　　　　台北公館蟾蜍山萬盛草堂主人誌於
　　　　　　　佛曆二五六六年公元 2023 年 12 月

　　註：

　　陳福成，祖籍四川成都，1952 年生於台中，筆名古晟、藍天、司馬千，法名本肇居士。三軍大學及復興崗研究所畢業，軍中資歷數十年，官拜上校退伍。是一位全能寫手，舉凡文學的詩、散文、小說、論評等皆有所涉獵，另在國防、兵法、兩岸關係、領導統御、地方野史等也有諸多著作。目前個人著作已達一百五十餘本。

2016 年詩選

三清山寫意

1
億萬年前的一場暴動
海床抬升海水退去造就了你
好一座山勢崢嶸的三清

2
高高端坐山頂之上
時有雲來朝覲霧來拜謁的
是哪三位天尊道長？

3
巨蟒自地底轟然竄出
昂首吐信於三清山頂
出山或嘯天頗費思量

4
司春的那位東方女神
端坐山頂眺望神州大地
庇護著一代代中華兒女

5
棧道插於絕頂崖壁

遊人如織如履平地
探頭下望才知腿抖腳軟

6
金沙索道一條美麗天梯
帶我們快速上山
尋訪仙人的蹤跡

7
清晨的第一道陽光
柔柔射向禹皇頂
只有雲在漫步霧在輕舞

8
萬紫千紅那群杜鵑
嬉戲在春季的山巔水影
美麗的三清花仙子

9
有唯妙唯肖的觀音在賞曲
有如真似幻的企鵝在漫步
也有一萬只笏正在朝著天

10
你的雄偉不輸泰山
你的奇險不亞黃山華山
你是贛東江西的驕傲

山西之旅七首

1. 遊懸空寺

拔地而起
凌空築就
壯偉的一座奇寺
見所未見聞曾有聞

今日終得目睹
懷著雀躍心情
走在冰冷兩旁積雪的步道
一步一腳印登臨

整座浩蕩的金龍峽谷
此刻就在我的腳下
僅容一人行走的通道
每走一步都是驚險

一千五百多年前
是哪位大師發願
在此打造不可能
日日吸引八方而來的遊客

2. 遊雲崗石窟

武周山壁
綿延一公里有餘
一窟又一窟的石雕
展現了人類藝術的大驚奇

難以想像啊
一千五百年前
先民以簡陋的工具
一斧一鑿雕出了不可能

佛是帝王的化身
這也是帝王支持的原動力
如今帝王已成歷史煙雲
佛像長留人間見證歲月滄桑

佛像或大如巨塔或小如芒雕
造型優美訴說佛國故事
阿彌陀佛誰能參透
了卻人間苦煩立地成佛

武周山壁
綿延一公里有餘
幾十個石窟幾萬尊佛像
猶訴說著北魏時期的浮圖昌盛

詩人台客攝於雲崗石窟露天大佛前

3. 過雁門關

山勢高聳綿延
山風浩蕩淒厲
連大雁飛越
都無奈地停下腳步嘆息

像一夫當關的巨人
你矗立在兩山之間的隘口
千百年來阻卻胡騎南下
屏障了黎民百姓安全

時光的列車不斷推移
如今走到二十一世紀
我們不再翻山越嶺
你也早已退休

一條長長的隧道
貫穿了險峻的雁門山
我們搭車快速通過
啊！多好，和平年代

4. 登頂菩薩頂：五台山記遊

一步一腳印
懷著虔敬的心情
我們終於抵達最高處
五台山上的菩薩頂

放眼腳下
山林草木枯萎凋零
白雪靄靄點綴其間
益添隆冬苦寒

一只醒目的大白塔
高高聳立於天地間
那是釋迦牟尼佛舍利塔
五台山的精神標誌

走入一進又一進山門
探訪文殊菩薩蹤跡
佛似乎無所在無所不在
阿彌陀佛心誠則靈

一步一腳印
懷著虔敬的心情
走入五台走出五台
走一回佛國清涼勝境

5. 再訪平遙古城

三千多年前
軍事攻伐的需求
一座仿壽龜造形的城市
開始艱辛築建終於完工

高聳的城牆
銹蝕的弓箭與巨礮
我們站立城牆頂瞭望
猶可感受當年戰爭的肅殺

東大街西大街南北大街
街道規劃整齊四通八達
寺廟鏢局會館商家應有盡有
家家戶戶大紅燈籠高高掛

參觀日昇昌票號
猶可想像當年匯通天下的輝煌
縣衙署裡縣老爺已不辦公
公堂上各式刑具仍令人不寒而慄

平遙會館火炕入住
晉商鄉音秀精彩
逛街購物採風探路
匆匆而來匆匆離開

後記：2011 年 9 月曾和幾位文友造訪古城，此次（2016 年）
　　　是二度前來，每次的感受都是特別的。

6. 走入常家莊園

走入常家莊園
彷彿走入大觀園
一位美麗的女導遊
帶領我們一群劉姥姥

首先來到祠堂
介紹常氏家譜
莫忘祖先胼手胝足來時路
期勉百子千孫力爭上游

來到杏園
隆冬時分滿園花寂寂
來到獅園
群獅或站或坐喜相迎

走過靜園主體林園
寬闊湖面冰凌四周一片幽靜
登上觀稼園
從高處喜看園內外風景

走過遐園
走過長長明清一條街
我們懵懂而來
滿心歡悅離開

7. 遊壺口瀑布

一大壺源源不絕黃河水
流至此突然傾洩而下
轟隆隆轟隆隆
發出了震天巨響

水珠飛濺處
隱約可見一道彩虹
迷迷濛濛如真似幻
讓遊客驚呼連連

空闊一望無際河床上
寒風呼嘯淒厲
遊客遊興不減
四處錄影拍照留念

有當地農民大爺
牽著打扮亮麗的毛驢
做起了生意
天冷少有遊客光顧

騎一次人民幣十元
我主動上前詢價
換裝騎上了驢背
留一張難忘的回憶

（2017 年春）

筆者換裝成山西大爺騎驢攝於壺口瀑布旁

中越之旅三首

1. 海雲嶺上的碉堡

海雲嶺上的碉堡
孤伶伶的站立
任四方遊客來了又去
任白雲飄飄去了又來

它靜靜地望著遠方
遠方曾經蒼茫
無數敵視的眼睛像子彈
夜夜它得了恐慌症

而躲在它裡面的
時時把眼睛靠緊槍枝
繃緊著神經瞄準的
那些大兵們眼神更茫然……

難堪的歲月隨風消逝
如今人去堡空，只任
山頂上白雲依然悠悠
山腳下浪花潮去潮湧

註：海雲嶺，位於越南神秘的十七度線，是南北越的要衝。
　　當年南、北越戰爭期間的最前線，山頂遠眺，海天一色，
　　景緻絕美。

海雲嶺上的廢棄碉堡如今已成觀光勝地

2. 在會安古城

在會安古城
看一條造型特殊的小橋
猴年開工狗年完成
曾經一橋隔開中國與日本人

在會安古城
看一座座古宅會館
中式建築中文牌匾
啊！彷彿來到了中國

在會安古城
看一個個燈籠
造型綺麗色彩繽紛
照亮古城古色古香

在會安古城
看一條秋邦河緩緩流過
河上小舟婦女搖槳
螢火般的水燈河中飄蕩

在會安古城
我們搭乘三輪車
逛著大街浩浩蕩蕩
迎來眾人注目的眼光

3. 漫步在美山遺跡群裡

漫步在美山遺跡群裡
看一棟棟的塔廟建築
毀滅的毀滅傾頹的傾頹
在這一大片蒼翠森林裡

它們曾經美輪美奐
廟高塔聳神聖莊嚴
一棟棟巍巍矗立大地上
眾人祈福膜拜的對象

不堪千年風雨的摧殘
戰爭肆意的破壞
它們一棟棟無聲的倒下
苟延殘喘在唏噓的嘆息

漫步在美山遺跡群裡
看森林裡草木鬱鬱蔥蔥
群鳥四處忙碌高歌
大自然充滿著蓬勃生氣

美山遺跡群一景

註：美山遺跡群，位於峴港西方約 70 公里的森林裡，內原有
　　70 多座塔廟，分別供奉著占婆人信仰的神祇和歷代
　　國王。塔廟建於占婆王國執政時期的第 4 至 17 世紀。
　　現只剩 20 餘處遺址。

太平山之旅 二首

1. 雨中上太平山

曚曚矓矓淅淅瀝瀝
雨中上太平山
任憑雨刷如何努力
總刷不盡窗外的雲嵐霧氣

山路像一條大蟒蛇
蜿蜿蜒蜒盤旋而上
山在虛無飄渺中
人在忐忑車窗內

見晴步道不見晴天
小心翼翼走在懷舊鐵軌上
積水漫過腳踝
雨線不斷打濕著身體

翠峰湖收起了翠綠面貌
迷迷濛濛中但見濁浪滔滔
鳥兒不見動物躲藏
觀景台上遊客來去匆匆

太平山莊暫避雨襲
飽餐一頓元氣倍增
緩緩沿石階步道而下
雨中紫葉槭掉了滿地

曚曚矓矓淅淅瀝瀝
雨中下太平山
車子蜿蜒駛過蘭陽溪
雨歇天晴陽光重現

2. 鳩之澤溫泉

群山萬壑中
一縷白煙裊裊上升
導遊小姐說
鳩之澤溫泉到了

曾經有群鳩聚集
來此取暖飲水
奇景難以重現
當年情景猶可想像

裸湯啊裸湯，多麼
令人難忘
一間透天的浴池
一泓乳白的泉水

徐徐將身體浸入
滑潤滑潤的感覺
猛然憶起華清池
那位扶起嬌無力貴妃

滑滑潤潤潤潤滑滑
浸泡在池裡的每人
似乎都飄飄然舒舒服服
好似當年來此取暖的群鳩……

群山萬壑中
一縷白煙裊裊上升
導遊小姐說
吃溫泉蛋時間到了

（2016 年冬）

台北意象

1
一根青竹
搖曳藍天

有時它靜默展示美姿
有時它瘋狂四射活力

2
平凡不平凡
一顆白菜

永遠鮮嫩翠綠
吸引眾人目光

3
一條巨龍
每天上天入地

拉緊著城鄉
人與人間距離

4

非黑即白
圓胖可愛

從出生到成長
沒有臉書的人氣王

5

夜幕低垂
香飄一條街

人潮滾滾
錢潮滾滾

6

那隻貓
總懶在山上

觀星賞月
看人間風景

7

可以洗凝脂
可以拿卡西

曾經滄桑
如今水水仍接客

8

香煙裊繞
一座古廟

有龍盤踞
山不在高

9

有崗能擎天
有花自成鐘

後花園走走
不管春夏或秋冬

10

一道虹橋
橫跨兩岸

淡水入海水
關渡望觀音

11

白牆藍瓦
斗拱飛簷

大中至正
自由廣場

12
您仍端坐
我們仍仰望

革命先行者
兩岸皆尊崇

註：詩中描繪的 12 種意象地點分別為：台北 101 大樓、故宮
　　國寶翠玉白菜、捷運、熊貓、夜市、木柵貓空纜車、北
　　投溫泉、萬華龍山寺、陽明山公園、北投關渡大橋、中
　　正紀念堂、國父紀念館。

（2016 年春）

我是一隻小白鶴

我是一隻小白鶴
潔白羽毛似雪花
長長雙腳佇大地
尖利黑喙勤啄抓

西伯利亞飛呀飛
南遷避冬航程迷
寶島景色太誘人
金山濕地我暫棲

自由自在且徜徉
湖光山色細端詳
餓了，啄食蓮頭
睏了，田邊小憩

寒流來襲避冷急
台北街頭迫降落
高樓大廈如林立
人來人往車聲喧

夜幕籠罩何處去
形單影隻白衫客

愛心人士急趕來
重返棲所我感激

更謝那位愛心農
奉獻辛勤耕耘藕
每天細心照顧護
我們成為知心友

跟前跟後我和他
跟後跟前他和我
哪天春風又吹起
振翅北返頻回頭

後記：報載，一隻由北方飛來南方渡冬的稀有種白鶴，因迷
　　　途迫降於新北市金山區農地，並受到當地一位藕農的
　　　貼心照顧。

（2016 年夏）

那年，在港邊

那年，在港邊
他立於甲板上
人聲頂沸中，遙望
岸上一老者
船已離岸，漸行漸遠
老者的身影，終於
隱沒夕陽中

那年，在港邊
他們匆匆上了軍艦
趁夜色掩護啓航
星夜無光，風高浪急
船兒竟在外海沉沒
無聲無息，至今
留下歷史的嘆息

那年，在港邊
他獨自一人
揹起行囊，黑夜中
航向一個陌生的島嶼
沒有喜悅，有些茫然
那是生命中一段
至今難忘的旅程

（2016 年冬）

河南之旅五首

1. 走進清明上河園

走進清明上河園
走進夢幻的宋朝
一朝步入畫卷
一日夢回千年

黑臉包公威武出巡
當街機智辦案
王員外家舉辦招親
姑娘彩樓上拋下繡球

民俗大街圍了密密人群
觀賞氣功噴火表演
彩棚內喝采聲四起
特技表演精彩連連

汴河上戰船雲集
東京保衛戰鑼鼓喧天
教場上沙塵四起
岳飛正槍挑小梁王

有人蹴鞠有人鬥雞

有人打擂台有人劫法場
熱鬧滾滾人潮洶湧
好一個繁華的汴京

走進清明上河園
走進夢幻的宋朝
一朝步入畫卷
一日夢回千年

2. 暮春四月的盛事

暮春四月的盛事
是洛陽牡丹花開的訊息
人們紛紛從各地趕來
為一睹花仙子的風采

她們靜靜地在園中
以雍容華貴之姿
或紅或紫或墨或藍
緊緊吸引人們的目光

花仙子，花仙子
成群結隊陣容浩大
雖不能為我們舞一曲
但也足堪告慰渴慕的眼光

古人為賞花仙子
不惜把握花期秉燭夜遊
今人為一睹花仙子
我們千里迢迢跨海遠來

3. 遊紅石峽

谷在山中，終年
雲繚霧繞
路沿絕壁，彎彎
曲曲不斷向前

腳底是萬丈深淵
顫危危步步驚心
下至河床，危橋跨過
橋下流水淙淙巨石累累

奮力攀爬，手腳並用
身旁千尺瀑布轟然

像一條條白色巨龍
不斷怒吼著奔騰而下

上至半山腰，靜觀
山色蒼茫

深呼吸，大自然
清新空氣

谷在山中，終年
雲繚霧繞

路沿絕壁，彎彎
曲曲不斷向前

4. 遊龍門石窟

伊水河畔，鯉躍龍門
懸崖峭壁之上
是誰在此鑿刻
一處又一處的佛龕？

大大小小，小小大大
連綿一公里有餘
壯麗的景色，吸引
洶湧而來的人潮

佛像有的嚴重受損
大都身首異處
是誰，幹下了偷盜之事？
是誰，不怕天打雷劈？

伊水河畔，龍門鯉躍
是誰在對岸凝望沉思
伊水千年悠悠流淌
佛像莊嚴默默無語

5. 走進郭亮村

走進郭亮村
走進一個世外桃源
處處雞鳴狗吠
小橋流水屋舍儼然

曾經太行山似天塹
重重阻隔，居民下山
沿著天梯顫危危攀爬
一步一艱辛一步一驚魂

十三位開路勇士來了
以鋼鐵的意志

在懸崖峭壁上揮霍青春
終於鑿出了不可能

如今遊客如織
人們乘車快速抵達村莊
一邊欣賞著景色的壯麗
一邊感嘆著工程的艱辛

走進郭亮村
走進一個世外桃源
郭亮村啊是太行山
遞給我們的一張最美名片

（2016年8月《華文現代》詩刊）

埃及之旅九首

1. 土耳其航空贊

從台北到伊斯坦堡
高空中劃一條直線
再延伸至開羅
行程萬餘公里

那隻鐵鳥凌空展翼
載我們一路狂奔埃及
這古老的王國，一窺
金字塔與古神殿的秘密

短短十天速去速回
像搭乘孫行者的觔斗雲
舒適、安全、過癮
土航，我要大聲贊美你

2. 在埃及歷史博物館

在埃及歷史博物館
我不敢大聲說話
深怕一個不小心
吵醒沉睡的木乃伊

在埃及歷史博物館
我不敢大步走路
兩旁古文物太多太重
紛紛肅穆注視著我

在埃及歷史博物館
我不小心咳了一聲
嗽，驚醒滿屋歷史
遠古的灰塵紛紛墜落

3. 喔，金字塔

喔，金字塔
我終於站在你面前
藍天麗日之下
你是多麼雄偉
我是多麼渺小

喔，金字塔
我終於站在你面前
書上讀了千百遍
意念轉了百千回
今日願望終實現

喔，金字塔
你的年齡太老太大
你的工程太偉太奇
我完全無法想像
當年人們建造的艱辛

喔，金字塔
守護你的獅身人面像
滄桑的臉龐想訴說些什麼
四千多年過去了
為什麼我們仍無法參透？

4. 尼羅河是母親

尼羅河是母親　　　　從沙漠奔流到綠洲
遊輪航行其上　　　　無止無休壽命綿長
柔波輕輕蕩漾
彷彿躺臥於母親臂膀　　尼羅河是母親
　　　　　　　　　　太陽昇起在東方
尼羅河是母親　　　　日落之後有月亮
河水是漲滿的乳房　　日復一日年復一年
哺育兩岸子民
各個身強體壯成長　　尼羅河是母親
　　　　　　　　　　遊輪航行其上
尼羅河是母親　　　　柔波輕輕蕩漾
從高山奔流到平原　　風光旖旎兩岸綠意盎

作者攝於尼羅河遊輪上

5. 紅海邊小唱

歷史上摩西權杖一指
紅海海水轟然分開
多麼神奇的畫面
如今我踏浪紅海邊

天是那麼無垠萬里
海是那樣蔚藍碧綠
海岸邊椰棗樹高舉綠臂
沙灘上泳客三五成群

伸手進入冰涼的海水
撈起粒粒潔白的貝殼
魚兒成群在海底悠游
水母朵朵漂浮水面上

啊，在紅海邊度假
人生難得的享受
天天逐浪戲水晒太陽
我願是紅海底一尾游魚

6. 車馳撒哈拉

車馳撒哈拉
遍地黃沙
前進道路崎嶇
起起伏伏難行

車馳撒哈拉
浩瀚無邊
煙塵滾滾
遠方隱現沙海蜃樓

車馳撒哈拉
眾鳥飛盡萬物絕
放眼無一絲絲綠意
喔，沙漠之海洋

車馳撒哈拉
停車爬坡滑沙樂歡呼
跨騎駱駝訪原民部落
一趟終生難忘之旅

7. 致阿布辛貝神殿

一

三千餘年前
為了一位國王的榮耀
你巍巍然被築起
以多少血汗的奴隸？

三千多年後
因了尼羅河水位上漲
你倉皇逃離
身體被一寸寸切割

如今站立湖旁的你
是該慶幸還是哭泣
問問神殿前的法老王吧
他們始終默默無語

二

曾經如此繁華
曾經無比神聖
多少子民仰望膜拜
可望而不可企及

然後歷史來個大轉彎
一切都沉寂了

只任無知的清風亂竄
聒噪的鳥雀肆意造訪

直到多少年前
歷史又開了一個玩笑
你重新返回人間
每天看著洶湧參訪人潮

後記：阿布辛貝神殿（Temple of Abu Simbel），位於埃及南
　　　部大城亞斯文（Aswan）。
　　　它是由古埃及最偉大的法老王拉姆西斯二世，於西元
　　　兩千多年前所建，上世紀六〇年代因興建亞斯文水壩，
　　　為免神殿遭漲起的尼羅河水淹沒，由聯合國與埃及政
　　　府歷經四年時間，將整座神殿鋸成大石塊後，搬移至
　　　現址。

阿布辛貝神殿遠景

8. 帝王谷有思

黃土高丘帝王谷
沙塵滾滾帝王谷
沉寂千年帝王谷
到底藏著些什麼天大祕密？

盜墓的鼠狼紛紛來了
考古學家紛紛來了
地底下再也不平靜
木乃伊紛紛驚醒

那些生前大權在握
死後富可敵國的王者
終於地宮空空
躲不過時光的戲弄

後記：帝王谷（The Valley of the King）位於埃及中部大城路
　　　克索（Luxor），為一處位於尼羅河西岸的黃土山丘，
　　　丘谷中埋葬著至今已三千多年前的新王朝共六十四位
　　　帝王的陵墓，如今陵墓已被偷盜一空。

9. 神殿與地宮

巨石壘築
越蓋越大
恨不能與天齊高
以示對諸神的敬仰

黃土地下
越挖越深
恨不能帶進所有珠寶
繼續享受陰間世界

時光無情的淘洗
終於神殿垮了地宮空了
只有不變的太陽
依舊日日從東方升起

（2016年春）

敘利亞

上帝不愛，阿拉不挺
敘利亞啊，我聽到
你在哭泣，哭聲一波波
沿著地中海一直傳來

海水已染紅了，卻仍有
逃亡的腳步，成千上萬
鐵蒺藜、攔路的關卡
啊！即使逃亡成功又如何？

而在國內，屋毀人亡
成群無辜的男女老幼
他們臨終前驚恐無助的
表情，向誰訴說？

砲彈砲彈，鎮日
在耳邊呼嘯
政客政客，你們
爭吵何時才休？

上帝不愛，阿拉不挺
敘利亞啊，我聽到

你在痛哭，哭聲一波波
沿著印度洋一直傳來

（2016年12月《文訊》月刊）

雪吉拉

呼呼呼，從北極從蒙古高原
那頭巨獸，一路南下
張牙舞爪，形體龐大
籠罩著整個美洲、中國……

呼呼呼，它以寒風以暴雪
凌虐著大地，凡它走過
植物枯萎，魚群暴斃
厚厚積雪掩埋了房舍

呼呼呼，它獰吼著
流水嚇得停止了流動
山頂陸地一片白茫茫
萬物闃寂，蕭瑟顫抖

呼呼呼，它獰吼著
汽車被掩埋在路旁
飛機無奈望著天空
鳥獸蟲魚躲得無影無蹤

呼呼呼，這裡那裡
氣溫屢創新低

呼呼呼，那裡這裡
人們紛紛凍斃

呼呼呼，它獰吼著
在海上在空中
呼呼呼，它獰吼著
嘯聲震撼著天地

（2016年12月《文訊》雜誌）

童　年

放牛吃草的日子
赤腳走路上學的日子
小水塘抓魚的日子
偷鄰居拔仔園的日子

像一艘逆流前進的船隻
童年已離我越來越遠
似一隻振翅遠颺的鳥兒
童年已飛得無影無蹤

蹲在地上玩彈珠的日子
被老師打手心的日子
偷偷愛慕鄰桌女生的日子
操場上騎馬打仗慘摔的日子

童年有美好與苦澀的回憶
如今都已化成一陣煙
在腦海中或隱或現
在腦海中或隱或現

（2016年夏）

電之聯想四帖

1

夏日午後老天終於
生氣了，暗沉沉的臉色
扯破喉嚨發火的
大聲罵了一句——

2

一個黑黑的聽筒
一條長長的線
撥給遠方的愛人
訴說綿綿的思念

3

你是地上的星星
哪裡有你哪裡就有光明
在不眠的夜裡
只有你陪我沙沙沙的筆聲

4

這也算是一種吧
當男子碰到一位女子
茶不思飯不想
為其坐立難安時

（2016年11月《文訊》月刊）

旗　袍

從清朝的世界走來
妳是滿族的驕傲
有時妳是漂亮的格格
有時妳是尊貴的皇后

從民國的世界走來
妳已成中華的代表
有時妳是社會名流
有時妳是政治楚翹

有妳在的地方
就有高貴典雅引領風騷
有妳在的地方
就有溫柔婉約楚楚纖腰

喜慶宴會國慶大典
就是妳大展身手的舞台
一襲剪裁合身的曲線玲瓏
總是眾人目光的聚焦

有時妳也遠渡重洋
去做美麗的大使外交
舉手投足大國泱泱
妳的出現驚豔全場

（2016年夏）

暫移異鄉的苦竹

暫移異鄉的苦竹
他們是瑪麗亞、阿頌
孔留或者 sitiya
每個人都有不同的背景

故鄉難以生存啊
他們不得不跨海而來
像無根的浮萍
任人吹著往西或往東

公園裡偶爾見到她們
推著老人三五成群
嘰嘰喳喳著家鄉話
一天中最快樂的時光？

兩年三年或者更久
人生中一段難熬的日子
為了將來會更好
苦竹們苦苦苦苦撐持著

（「文訊」月刊）

燒肉粽：悼台語歌王郭金發

在淒冷的寒夜
眾人正躺在溫暖被窩時
您可曾聽到一聲聲的叫喊：
「燒肉粽，燒肉粽」

他唱出了那個時代的心聲
「自悲自嘆，歹命人」
一唱就是幾十年
燒肉粽成為難忘的記憶

那天在他最熟悉的舞台上
他仍一貫的飆高音
一聲「燒肉粽」餘音裊裊
餘音未了人已倒

啊！戰士最光榮是死在戰場
他也算一位光榮的戰士
倒在一生最熱愛的舞台上
燒肉粽歌聲從此不再

後記：台語低音歌王郭金發以一首「燒肉粽」歌曲廣為人所
　　　知。2016 年 10 月 8 日他應邀出席高雄市鳳山區重陽
　　　節敬老演唱會，在台上演唱「燒肉粽」完畢卻突然昏
　　　倒，經緊急送醫後仍宣告不治，享壽 72 歲。

2017 年詩選

一群綠蠅

一群綠蠅
整日嗡嗡嚶嚶
在我耳邊
吵個不停

他們喜歡
沾染美食
餐桌上飛東飛西
令人討厭至極

他們全身
都帶著病菌
一小心被傳染
肯定遭殃

他們有眼
但視力不佳
他們有耳
但聽不進良言

他們也有腦
但早已灌滿水泥

他們狂妄自大
卻又貪生怕死

一群綠蠅
鎮日嚶嚶嗡嗡
在我身旁
鬧我清靜

（2017 年秋）

印度之旅九首

1. 清晨的恆河

清晨的恆河
是如此的忙碌
太陽從天邊緩緩
緩緩露出殷紅的臉龐
照亮河水波光粼粼

水面上成群鷗鳥
自由自在的翱翔
有些浮游在水面上
忙碌地覓食
享受著清晨美好時光

一群光著上身的虔誠教徒
從岸上緩緩走入水中
母親河的聖水
洗滌了他們全身
消災解厄法喜充滿

人力船機動船

來來回回水面上穿梭
船上滿載四方遊客
歡笑聲陣陣傳來
打破了水面的寂靜

清晨的恆河
是如此的忙碌
浩蕩河水川流不息
人群鳥兒熙熙攘攘
日復一日年復一年

清晨的恆河水面上鷗鳥成群熱鬧萬分

2. 這裡埋葬著一段愛情

── 泰姬瑪哈陵參觀記

這裡埋葬著一段愛情
每當月明之夜月光皎潔
閃閃生輝的大理石半圓形穹頂
即開始向夜空喃喃訴說：

蒙達瑪哈啊蒙達瑪哈
我摯愛的美麗皇后
妳怎能棄我而先去
我們曾發誓永遠相伴不分離

撒嘉漢王啊撒嘉漢王
我至愛的夫君
在我臨死前請允許我
提出最後一個請求──

請為我蓋一座紀念館
潔白得宛如無瑕的寶石
又像一朵純真的白玫瑰
以見證我們的愛情

於是，這位哀傷的國王
不惜動用全國之力
歷經數十年功夫，終於

一座閃閃生輝的奇跡誕生……

這裡埋葬著一段愛情
每當風雨之夜星月無光
它指向天際的半圓形穹頂
猶不斷向濛濛蒼天訴說

泰姬瑪哈陵終日參觀人潮不絕

3. 吹短笛的老人

吹短笛的老人
頭纏一條粉紅絲巾
身穿藍袍披上黃圍巾
和藹地站立餐廳門口

當我們下車抵達
他拿起了短笛
吹起了悠揚歌曲
歡迎我們的到來

客人好奇的圍觀聆聽
他吹得更加起勁

有人表示要與他合影
他微笑歡迎

有人掏腰包打賞
他欣然接受
有人合影後走人
他也沒有慍色

靠著自己一技之長
不向別人伸手乞求
一位令人尊敬的老者
此次他收穫豐碩

4、印度的牛隻

印度的牛隻
是幸福的
牠們被當成神聖
供奉在廟堂上

印度的牛隻
是不幸的
街頭上牠們一隻隻
瘦巴巴的啃著垃圾堆

印度的牛隻
是幸福的
鬧市郊區到處趴趴走
人們友善對待

印度的牛隻
又是不幸的
不吃不宰生育過多
眼看就要泛濫成災

5. 卡修拉荷的神廟

卡修拉荷的神廟
一棟棟高聳入雲
美輪美奐的建築
讓人驚訝嘆為觀止

它們存在於印度大地上
已有千餘年歷史
當年的統治者如何發心
驅使著萬千百姓血肉築成？

神廟四周牆壁上
密密麻麻的雕刻
生動的猶在向世人訴說
當年人們生活的景況

啊，那是最醒目的呀
一位位身材健美的女郎
僅穿著薄紗坦胸露乳
公開挑戰社會的禮俗

啊，那是最驚悚的呀
女郎竟然公然與人獸雜交
各種撩人的姿態
你，妳看了能不臉紅心跳

這是一座座性廟
公然挑戰人類的禁忌
該禮贊該唾棄或者
咳！默默地悄悄欣賞想像吧

6、騎大象上山坡

——安珀城堡參觀記

騎大象上山坡
一路搖搖擺擺東搖西晃
山頂風光正好
冬宮夏宮御花園繁花似錦
在此享樂舒適至極
我們是中古世紀的皇宮貴族

騎大象上山坡
一路綿綿延延東吆西喝
山頂風光如舊
東宮夏宮御花園萬紫千紅
只是朱顏早已不在
我們是八方而來參觀的遊客

騎大象上山坡
一路哼哼哈哈氣喘噓噓
為了人類的虛榮好奇心
不得不邁力前進
沿著祖先走過幾百年的老路
我們是勞累苦力的印度大象

後記:「安珀城堡」(Amber Fort)位於佳浦爾 (Jaipur)市的山坡上,為五百多年前安珀王國的首都皇宮要地。

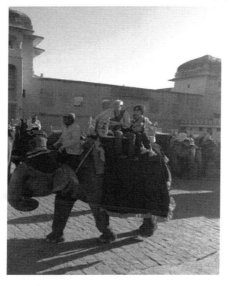

7. 風之宮殿

風之宮殿
啊！好一大片
美輪美奐高聳入天
粉紅色的驚奇

風能肆無忌憚地
從各個角度
闖入，拜訪
窗內的每一雙窺伺

窗外，熙熙攘攘
真實的平民世界
窗內，豪奢華麗
桎梏的宮廷生活

風啊！你來去自由
假如我們
也像你，那多好
窺伺的一雙雙眼睛說：

註：「風之宮殿」位於佳浦爾(Jaipur)市，古代帝王為使嬪妃
　　有時能透透氣，窺伺宮外的花花世界，特在宮中的一面
　　牆壁修建高數十公尺，共有一百多個窗戶的粉紅色大
　　牆。蔚為美麗壯觀。

8. Jhansi 火車站的驚奇

Jhansi 火車站的驚奇
是傍晚黑壓壓一片
成千上萬隻鳥兒
飛舞盤旋在車站上空
不停地吱吱喳喳吱吱喳喳
聒噪地大聲喧嘩

Jhansi 火車站的驚奇
是有牛隻在逛鐵軌
來來往往火車進出著
牠們氣定神閒不驚不懼
而人們似乎也不以為意
久久不見有人處理

Jhansi 火車站的驚奇
是川流不息人潮洶湧月台上
一位印度婦女旅客雙手抱幼嬰
頭頂著一個大包袱
突然出現在你的視線
又像一陣風消逝無蹤

後記：至印度旅行，剛看到牛隻逛大街，甚為訝異，幾天後

也就見怪不怪。但在 Jhansi（印度北部大城）火車站搭車，車來車往的軌道上，竟有牛隻且不止一頭在鐵軌道上閒逛，確實令我大吃一驚。而更令人驚訝的是，這件事好像無關緊要般一直無相關人員前來處理，至今仍令我大惑不解。

9. 依然閃亮尖銳

——兵器博物館參觀記

依然閃亮尖銳
那些長劍短刀
藏在玻璃櫃內
掛在宮牆之上

似乎隱約尚能聽到
它們悄悄的對話
當年它們是如何
如何的奮勇殺敵

長劍說它曾經
刺進無數敵人的心臟
短刀說它曾經
割下眾多叛軍的首級

只有時間默默不語
默默地流逝
任傷痛永遠
永遠刻在歷史的記憶

依然尖銳閃亮

> 那些長劍短刀
> 在時光的記憶匣中
> 徒然緬懷逝去輝煌

後記：

兵器博物館位於佳浦爾(Jaipur)市的城市宮殿(city palace)內，收藏眾多十六世紀征戰殺伐的冷兵器。

佛光山三首

1. 在佛光山

在佛光山
看一尊尊佛陀
殿堂之上高坐
默默地俯視
頂禮膜拜的虔誠眾生

在佛光山
聽叢林裡處處傳來
鳥語花香梵音天籟
人與人見面不再隔閡
相互問訊互道三好

當年一朵星雲
從遠方緩緩飄來
就此長駐
以陽光以雨露
遍灑這片土地的幸福

我們是一群小小種子

來自四面八方
響應大師號召
來此沐浴法雨
暫時擺脫凡塵困擾

2. 有佛法就有辦法

有佛法就有辦法
大師說就去辦吧
弟子們雖然口頭應允
難免心存疑慮

願有多大力就有多大
大師說就去做吧
一步一腳印
弟子踏得戰戰兢兢

終於一棟又一棟
莊嚴神聖的塔寺
巍然矗立
在美麗的南方淨土

佛陀紀念館
一座台灣的驕傲
集全世界之力
見證佛法的神奇

3. 無所在無所不在

無所在無所不在
您是風和煦的微風
在山上柔柔吹拂
一花一草一木因而欣欣向榮
欣欣向榮呵春夏秋冬

無所在無所不在
您是雨即時的微雨
柔柔遍灑在乾渴大地
奄奄一息的草木紛紛復甦
復甦伸出了感恩的手

您是風您是雨，您是
夜空中的星天上的雲
無所在無所不在
您是山上日日敲響的暮鼓晨鐘
您是山上來來回回辛勞的法師義工

一步一腳印九十載辛勤耕耘
如今您收穫滿囊，放眼
全球五大州哪裡沒有您的墾拓成果
南無阿彌陀佛慈悲喜捨
南無阿彌陀佛感恩大德

後記：2017 年 7 月 13 至 16 日，與吳信義、陳福成、吳元俊
三位好友，參加國際佛光會中華總會舉辦的「全國教
師生命美學營」。4 天 4 夜在佛光山上與佛陀紀念館
的暮鼓晨鐘氛圍裡，聆聽諸位法師、教授等對佛學的
闡釋、生命教育的剖析，對生命有更深一層的認識。

（刊於2019年5月『人間佛教』季刊）

台客與大陸詩友向天淵(西南大學教授)合影於佛光山佛光大道

花　語

1

美麗，是我的外表
脆弱，是我的內心
愛花人，請細心的呵護珍惜

2

春天，我向人間報到
夏秋，我為您盛開
冬天，不必為我的離去而哀悼

3

來吧！蜜蜂蝴蝶
盡情享受我花房的汁液
讓我結果孕育下一代

4

有時，我開在寂寞的幽谷
有時，我開在熱鬧的都市
總之，花開花落是我的一生

5

我珍貴，是因您把我捧在手掌

我卑賤，只因您將我踩在腳底
一朵花的命運不由花來決定

6
花與鳥是一對春天的戀人
花開放給鳥看
鳥歌唱給花聽

7
花開堪折——
來吧！只要您是君子
請帶我回家

8
您聽到花開的聲音嗎？
那是天地間
最最幽微的歌唱

9
一沙一世界
一花一天堂
哪一朵花是您的天堂？

10
山花爛漫
野花嬌豔
還是家花最可親

（2017年夏）

垂　釣

那年，春花爛漫
我們一起在土堤塘邊
榕樹蔭下，以一根
簡陋的竹桿垂釣
釣起滿天喧嘩
釣起一整個下午的歡樂

那年，夏日炎炎
我們一起在職場
這個陌生的大池裡
垂釣，苦苦奮力拼博
幾十年，總算釣得了
一家勉強的溫飽

如今，冬日肅殺
我們以滿頭白髮
步履蹣跚，還在
垂釣，釣起的無非
一些小魚小蝦，小小
歡娛，啊啊夕陽無限好

（2017年夏）

春之癢

那棵老樹
不堪陽光一搔再搔
終於全身發癢
你看，一片片嫩葉
一朵朵小花，紛紛
蹦上了枝頭

那塘池水
不堪細雨一搔再搔
終於全身發癢
你看，順流而下
嘩啦啦嘩啦啦
水花唱著潺潺之歌

那些鳥兒
不堪和風一搔再搔
也終於發起癢來
雙雙在枝頭又唱又跳
且忙碌地飛上飛下
共築起了愛之巢

藍天白雲變得多愁善感
時不時落下毛毛細雨
大地被搔得癢酥酥
冒出無垠的翠綠
成群燕子飛舞空中
向人間宣布：「春到了」

（2017.5.3 中華日報副刊）

斯里蘭卡之旅六首

1. 登獅子岩

一頭雄獅
盤踞山頂之上
睥睨地俯瞰大地
誰敢與我爭鋒？

一步一腳印
汗水與體力的考驗
一千多個石階
一千多個願力

放眼腳底下
山林蒼翠欲滴

藍天白雲
清涼微風徐徐

山頂之上，曾經
宮殿巍峨，敵不過
時光與戰火無情
如今只剩斷壁殘垣

一頭雄獅
盤踞山頂之上
看盡天地悠悠
數遍白雲蒼狗

註：獅子岩位於斯里蘭卡的希吉利亞（Sigiriya）市郊，岩高
　　約二百餘米，海拔六百餘米。整塊巨石呈垂直狀上升，
　　攀頂困難。西元五世紀時的古王國在山頂上建有三公頃
　　的空中宮殿，現僅存斷壁殘垣。

2. 諸神依然默默

——參觀帕拉克馬巴胡皇宮遺址

諸神依然默默
默默地或坐或臥或立
有些身首異處
有些肢體殘缺不全

遙想當年城破之日
祂們仍感不寒而慄
敵軍像潮水般洶湧而入
四處燒殺擄掠姦淫

啊！高聳巍峨的宮殿

一夕竟被大火吞噬殆盡
只剩下一堵高牆
見證傷心歷史

歷史有時何其諷刺
歷史又何其殘酷
國王的一次錯誤決定(註)
造成王國覆滅的命運

諸神依然默默
默默守護著千年廢墟
觀光客像當年潮水
洶湧而來洶湧而去

註：西元十二世紀時，因當時斯里蘭卡國王的一次錯誤助攻
　　決定，造成後來古印度國王報復，派兵越過海峽征服了
　　當時的斯里蘭卡國國都波羅那露瓦(Polonnaruwa)，金璧
　　輝煌的帕拉克馬巴胡(Parakkamabahu)宮殿等建築悉遭
　　焚毀。

3. 星期日的佛牙寺

星期日的佛牙寺
長長的人龍
當地男女老幼人人盛裝
手中托著蓮花盤

鐘鼓已經敲響了
佛寺裡擠滿了虔誠
人人爭相獻花
恭迎開啓的佛龕大門

佛祖呵佛祖
請您大慈大悲
佛牙啊佛牙
見者吉祥一生平安

星期日的佛牙寺
長長的人龍
一棵菩提樹落葉紛紛
一棵菩提樹落葉紛紛

4、早安，小英倫的清晨

早安，小英倫的清晨
一大片晨霧
在天邊緩緩地流動
小雨淅淅瀝瀝
灑在濛濛的山間

早安，小英倫的清晨
幾隻早起的白鷺鷥
已在青草田間覓食
一群飛鳥匆匆掠過
要到哪裡去旅行？

早安，清晨的小英倫
平緩的山坡上
鬱鬱蔥蔥的茶樹們
正努力的長大
一暝大一寸的吐露新芽

早安，清晨的小英倫
山間勤勞的採茶婦女
已經在路邊整裝待發
見到我們的車子經過
微笑地不斷向我們揮手

後記：斯里蘭卡的中部山城努娃拉伊利雅（Nuwara Eliya），是

個海拔一千八百多公尺的避暑勝地與茶鄉。英國統治
期間，大力開發，有「小英倫」之稱。

5. 祝福你們，小海龜

——斯里蘭卡海龜復育中心參觀記

祝福你們，小海龜
一隻隻，你們
在清澈的蓄水池裡
游得那麼富有活力

三天後，人們
將把你們放歸大海
因為那裡
才是你們的原鄉

二十年後，當你們長大
循著生命的衛星導航
你們將重新回到這裡
產卵，繁衍後代

雖然明明知道
此去茫茫大海
你們的存活率只有千分之一
但我還是要由衷祝福你們

6. 船馳紅樹林海上

船馳紅樹林海上
碧綠的海水
蔚藍的天空
茫茫無際海岸線

看一叢叢的蘆葦
盤根錯節海面上
我們的船沿著航道
小心翼翼穿行而過

看幾隻黑色鸕鶿
閒站海面橫桿上
偶而晾晾翅膀
享受午後好時光

Hello,Hello，看
迎面擦身而過的船隻
管他是哪國來的阿都仔
先揮揮手再說

船馳紅樹林海上
岸上一棵棵椰子樹
也不斷地搖著蓬蓬頭
向我們說 Hello,Hello

（2017 年 3 月）

嘉明湖之旅 四首

1. 啊！嘉明湖

啊！嘉明湖
寒風凜冽中
你出現在我們眼前
湛藍的湖水
橢圓的造形
天使的一滴眼淚

此刻是清晨五點多
天猶黑濛濛
遠方天空雲蒸霞蔚
不久陽光刺破雲層
露出萬丈光芒
啊！群山皆為之歡呼

你靜靜的躺臥
在這海拔三千多米之上
萬山包覆
像一粒潔美的珍珠
不許人間凡夫窺伺

只許天上群仙目睹

我們懷著仰慕之心
一路摸黑而來
手腳並用
攀上蹬下
在無路中找路
歷盡了千辛萬苦

啊！嘉明湖
我們來了
懷著虔敬之心
我們靜靜坐在遠方草坪
默默觀賞
這上天賜給寶島的禮物

2. 登頂向陽山

登頂向陽山
看群山在我們腳下
四周雲海層層湧動
冷杉林蔚為一片綠色大軍

登頂向陽山
這海拔 3602 米的大山
名列寶島百岳之一
我們不得不為自己大聲歡呼

登頂向陽山
頂上寒風凜冽
吹得我們幾乎站不住腳
高處不勝寒啊

登頂向陽山
看一群不服老的 777 勇士
伸大姆指高喊
挑戰成功

3. 山屋外的驚奇

山屋外的驚奇
是缺水缺電
夜晚屋外一片漆黑
漆黑得那麼徹底

山屋外的驚奇
是午夜起來解手
偶一抬頭
見天空群星閃亮晶晶

山屋外的驚奇
是屋外漆黑小徑行走
頭燈飄移中突然
照見山鹿龐然的身影

牠就站在帳篷外幾米遠
體型龐大兩眼如探照燈
暗夜中我們双方互望
一會兒牠悄悄隱入山林

4. 在向陽山屋午夜觀星

它們一顆顆
閃閃亮亮

在無光害的夜空
顯得那麼迷人

似乎近在眼前
觸手可及
又是那麼遙遠
遠在幾萬光年之外

那是獵戶星座
那是北斗七星
看，織女星在那兒閃爍
一位專業的嚮導解說

森林默默地聆聽
溪水潺潺地贊頌
天地間動人的交響曲
在午夜高山悄悄進行

後記：嘉明湖位於台東縣海端鄉，海拔 3310 米，是台灣僅次
　　　於雪山翠池的第二高山湖泊。攀爬需先搭車至南橫向
　　　陽登山口（海拔 2580 米），然後一路向上約十餘公里
　　　路程，一般來回費時約需 3 天。沿途並可順便攀爬台
　　　灣百岳之二的向陽山（海拔 3602 米）、三叉山（海拔
　　　3496 米）。

（「創世紀」詩刊211期）

福建廈門行四首

1. 繫

——致第五屆海峽兩岸文學筆會文友們

繫一條情感的絲線　　　　一道淺淺的海峽
在海峽兩岸之間　　　　　豈能阻擋得了我們
只要任何人拉一拉　　　　我們血緣相同
必會牽起一段情緣　　　　來自共同的祖先

自從那次相會之後　　　　雖然這一路不乏風雨
你我就有了共同語言　　　但豈能阻攔前進的方向
難忘啊那些日子　　　　　啊！讓我們共同攜手
我們早已情感交融　　　　打造美好新的家園

後記：「海峽兩岸筆會」由廈門市作協主辦，每年一屆，分別
　　　在閩台兩地舉行。今年為第五屆，於 5 月 18 至 25 日
　　　於廈門、福州、寧德三地擴大舉辦。

參加海峽兩岸筆會的兩岸作家詩人學者大合影

2. 在廉村

在廉村
我們的口袋深自檢討
一張張的鈔票
一個個銅板
是否其來有正？

在廉村
我們跨過高高門檻
拜訪薛家祖祠
薛令之進士高坐大堂
滿臉正直笑臉歡迎

在廉村

我們參觀一口井
從唐朝明月至今
清洌的甘泉
滋育著代代子孫

啊！在廉村
我們走過石板官道
來到村外廉溪畔古碼頭
看清澈的溪水潺潺流著
從遠古遠古年代至今

後記：廉村位於福建省福安市西南，是開閩第一進士薛令之
　　　的故鄉，因薛令之為官一生清廉，唐肅宗皇帝賜其故
　　　鄉為廉村，村中有一口井名「明月井」。

兩岸作家詩人學者合影於廉村薛家祠堂內

3. 太姥山的雨

太姥山的雨
清清涼涼的下著
淋濕了山林
淋濕了衣裳
卻淋不濕我們渴慕的心情

看高高峰頂之上
雲繚霧繞，一片
紫氣東來景象
把整座山巒更襯托得
如八閩仙山

一塊塊奇岩異石
遍布於山間
或大或小形象各異
造型如此奇特，激發
我們無比的想像

走進一綫天
黑漆漆兩片高聳石壁
呵，好擠好窄
顫危危一步一腳印
啊啊！我幾乎無法呼吸

太姥山的雨

淅淅瀝瀝地下著
下在青翠的山林
淋濕了衣裳
卻淋不濕我們仰慕的衷心

後記：太姥山景區，位於福建省福鼎市郊，海拔約 5 至 9 百
　　　米。它雄崎東海，山海相依，素有「海上仙都」之美
　　　稱。

兩岸作家詩人學者合影於太姥山上

4. 在白水洋

在白水洋
我們看一大片河水
河面上浩浩蕩蕩
流著白銀似的水花
水花嘩啦啦跳躍著
唱著愉悅之歌

在白水洋
我們相互手牽著手
在水面上緩步行走
清涼的河水
浸潤我們雙足
清清涼涼何其舒暢

在白水洋
我們走過一條木橋
古色古香，曾經
有雙龍在此相會
風風雨雨幾百年
留下美好想像

在白水洋
我們美麗合影
戲水盡情歡笑
笑聲洋溢在山林

笑聲飄浮在水面
久久久久無法散去

後記：白水洋景區，位於福建省屏南縣。原本狹窄的鴛鴦溪，
　　　流至某一中段後，由於河床變動抬升的結果，形成一
　　　大片約 8 萬平方米的洋面。洋面平整無沙，細水長流。
　　　人行其上，水僅及腳踝，是夏天郊遊戲水的好地方。

作者與台灣詩人兒童作家夏婉雲合影於白水洋風景區

廣西之旅 六首

1. 在巴馬長壽村

在巴馬長壽村
我們看一條河
蜿蜿蜒蜒流過盤陽河
在大地上揮寫「命」字天草

在巴馬長壽村
我們遊百魔洞
大量舒肺的負離子充塞身心
一座天然的大氧吧

在巴馬長壽村
我們去探訪一位老壽星
清光緒年間出生黃媽干
今年高壽112歲！天哪

她默默地坐於太師椅上
表情淡然和我們合影
我們希望沾染她的長壽
恭敬遞上吉祥的大紅包

在巴馬長壽村
人人都想知道長壽的秘訣：
金木水火土五行俱備
養神養氣養性養德養心

看哪！百魔洞外那一群老者
黃昏時刻他們有的拉彈樂器
有的引吭高歌有的翩翩起舞
他們正是五行文化的實踐者

部分團員與112歲老壽星黃媽干合影

2. 詠友誼關

爭戰時候
你金戈鐵馬耀日月
雄鎮南方一隅
你叫鎮南關

承平時候
你伸敦睦的手
拉緊了兩國人民距離
你叫友誼關

在中國廣闊土地上

所有關隘如今都已退休
獨剩下你
猶肩負著重責大任

望著每天來來往往
人潮貨物不斷進進出出
你目光不移信心堅定
默默守護著國境前線最南方

全統會全體團員合影於友誼關前

3. 重遊德天瀑布

重遊德天瀑布
看你依然怒吼著奔騰著
像狂放的千匹白練
像不羈的萬匹奔馬

一條河隔兩國
左邊中國右邊越南
一道瀑布也兩國共管
你説德天他説板約

眾水滔滔奔流不止
才不管你們的爭吵
它只是一直往前跑
直到投入大海的懷抱

德天瀑布近景

4. 詠花山壁畫

明江兩岸山壁上
一處處紅色的痕跡
歷經兩千多年不褪色
終於引來研究者的好奇

有些像跳躍的人
有些像泅游的蝌蚪
有些像牛像馬
像各種奇形怪狀的動物

先民們用什麼原料
如何在峭壁上完成使命
他們的動機為何
至今仍是個天大的迷

花山壁畫的部分圖像

5. 詠通靈大峽谷瀑布

群山萬壑間
伏流奔竄處
突然你出現在我們眼前
彷彿天上銀河落凡間

雀躍著歡呼著
擺出各種美姿
我們和你合影
見證你的美麗

你以豪放的身姿
轟隆隆的笑聲
回應我們
歡迎大家的到訪

天地有大美啊
走在通靈大峽谷
一步一美景
一步一驚奇

部分團員合影於通靈大瀑布前

6. 遊百鳥岩

遊百鳥岩
不見百鳥蹤跡
只有流水湍急
湧泉從河底不斷冒出

岩洞幽暗
涼爽無比
導遊以手電筒照亮
介紹洞中風光指東指西

看，那顆鐘乳石像一尊觀音
瞧，這顆鐘乳石像一條蛟龍
突然伸手不見五指
來到暗黑世界

一輪明月高掛
洞頂閃著幽微光芒
我們身陷險境？
我們身在幽冥？

忽又逐漸天光
水影變化粼粼
如此三進三出
好個「水波天窗」景象

終於船又緩緩駛出
洞外盤陽河水勢滔滔
兩岸風光旖旎
一趟快意的地下岩洞之旅

（2017年夏）

雙魚座的我

雙魚座的我
二二八前夕出生
老母生我時已四十有五
老蚌生珠，有鄰曰：
此子長大後或可騰飛

從小求學一帆風順
大學時不該愛上新詩
從此執迷不悟
幾十年過去了
如今依然兩袖清風

差堪告慰者
我天生一雙斷掌
命相學上說斷掌者
情感豐富，堅持執著
或許命該如此

期許未來文學道路上
持續右手寫詩左手散文
兩條魚都能越養越肥
至於是否文史留名
就讓風去評說

（2017 年春）

麗星遊輪贊

一座移動的城堡
一棟海上的宮殿
何其龐然啊！仰望
它豪華雄偉的英姿

滿載著一群歡樂
從這個港口到那個港口
從這個國家到那個國家
乘著風破著浪在海上

在海上何其壯觀啊
看海天蒼茫一色
幾隻鷗鳥匆匆飛掠而過
一群海豚在海面上跳躍

劃一條海上航線
石垣島我們來了
這個日本南方美麗的小島
青山隱隱海岸線曲曲折折

登島拜訪居民友善
市場購物老闆笑臉歡迎
參觀千萬年鐘乳石洞
慨嘆大自然造化奇功

一座移動的城堡
一棟海上的宮殿
何其渺小啊！茫茫
大海中的一葉飄萍

（2017年秋）

猶如海上皇宮的麗星郵輪停靠在碼頭

變　幻

1

昨日，他剛出生
像黎明的太陽

今天，他已老去
如將墜的落日

明晚，他只剩枯骨
似永夜的暗沉

2

這裡曾是一畝一畝良田
這裡如今是廣廈千間

那裡我曾悠閒泛舟垂釣

那裡如今行人匆匆車水馬龍

青山隱隱屋舍儼然那村莊
荒煙蔓草土石堆裡何處尋？

3

恐龍曾是地球霸主
如今只剩出土的化石

那些曾經睥睨的金碧輝煌
如今都已倒在歷史的塵埃

您說地球有日會毀滅？
這世界沒有什麼不可能

（2017年冬）

2018 年詩選

今年冬尾ㄟ風颱（台語詩）

今年冬尾ㄟ風颱
一定颱尬足利害
尚好甲那些害虫毒蛇
统统颱颱去

吃銅吃鐵吃袂死
可恨的這些了尾ㄚ虫
可惡的這群青竹絲
曰夜啃蝕著咱歹丸這欉大樹

係安狀這些邪惡壞覓ㄚ
仙抓兜抓袂了
按狀拍攏拍袂死
因甘係有九條命?

只有祈求風颱啊
今年冬尾ㄟ超級風颱
甲這些害虫毒蛇攏颱颱去
沉落歹丸海峽萬底深坑

（2018 年春）

方城之戰

「長城倒了，長城倒了」(註)
劈劈趴趴，兮兮刷刷
擾眠的聲音在午夜傳來
讓那位詩人特別有感

他們總愛疊磚砌牆
在周末夜作通宵之戰
戰場雖小戰況激烈
誰能啊誰能笑到最後？

春夏秋冬梅蘭竹菊
四季最美的花都在這裡
誰能在對的季節採摘
誰就能為自家門楣添彩

筒子索子及萬字
這三大主力部隊戰場
誰能迅速組建完成
誰就能率先達陣

至於那些東南西北
那些白皮紅中發財

是散兵游勇，伺機突圍
能為自己團隊創造機會

長城倒了長城又砌起
這吵雜又美妙的聲音
就這樣在廣袤的中華大地
潮水般起起落落了幾千年

註：「長城倒了」，余光中詩句。

（2018年春）

我的老年之約

既然做了過河卒子
只好拼命向前
雖然來日無多
不喜不憂不愁

琴是要拉的
書是要讀的
詩是要寫的
旅遊，有機會就出去走走

日走數千步
老本要先固
錢多錢少
唉唉！夠用就好

黎明即起莫要晚睡
不煙不酒飲食清淡
兒孫自有兒孫福
莫為兒孫瞎操忙

哪一天時光一到
走得不慌不忙
骨灰灑於大地
神魂遨遊太虛

（2018年春）

那些年的記憶

那些年的記憶
是那位船長帶領我們
乘長風破萬里浪
衝破層層險阻
我們在這島上剛剛安居
他卻遽然離我們遠去
如喪考妣啊！我們
惶惶不安，不知
歹丸這艘破船將駛往何方？

那些年的記憶
是幸賴船長的兒子
毅然担起重擔，努力
經營起這個國家
一件白襯衫，一雙舊布鞋
全台走透透，歹丸
這艘不沉的航空母艦
終於逐漸走出悲情，勇闖
亞洲四小龍之首

那些年的記憶
是歹丸郎啊歹丸郎

像打不死的小強
一卡皮箱勇闖天下
歹丸終於越來越富有
歹丸錢淹腳目
歹丸錢淹肚臍
歹丸錢淹死郎囉
那些年是充滿希望的年代

註：歹丸（台灣）閩南語。

（2018年春）

雨之思

它從海上來
它從空中來
淅淅瀝瀝霹霹啪啪
不停飄著下著下著
下在平原，下在高山
小草，舉軟弱的小手歡迎
群樹，伸硬朗的枝椏贊頌
小鳥，忙祿的飛馳在空中
奔相走告且唱且歌
農夫，牽著老牛在田間
忙碌地揮汗耕耘
啊！好一幅古早農村山水畫
雨水在田間流竄
叮叮咚咚叮叮咚咚
奏著美妙的音樂
它們一路吟唱著流入溝渠
向小溪向大河奔騰而去
洶洶湧湧澎澎湃湃
直到匯入了大海

（2018年春）

荷比盧之旅 六首

1. 給比利時尿尿小童

隱身在黃金廣場巷弄一角
你啊！頑皮的尿尿小童
小小的身軀
大大的名氣

光溜溜的身體
帥帥的尿尿姿勢
從早晨到傍晚
你到底要尿到幾時？

為一睹你的風采
遊客來自四面八方
有的人看熱鬧
有的人看門道

據説你的一泡尿
曾經價值連城
澆熄了爆炸的引信
拯救了全城百姓生命

為了獎勵你的功績
人們紛紛為你添購新衣
據說你的服飾已有八百多套
每逢佳節必被盛裝一番

啊啊啊！想必你
那時一定是十分委屈
「還是讓我光溜溜吧
返我童真本色！」

2. 小孩堤坊的風車

小孩堤坊的風車
遠遠近近錯錯落落
數一數到底有幾座
啊啊！總共十八座

問問它們的年紀
它們衰朽的身子骨
動起來咿咿啞啞
老說不清楚

從十八世紀到現在
已活了三百多歲
時代在進步，如今

它們的價值只剩觀光

遊客一波波前來
乘船遨遊河面上
觀賞著它們古老的造型
享受著海風的清涼

河面上水鳥雁鴨成群
嬉戲著飛翔著
啊啊！此處已成
動植物的野生天堂

註：小孩堤坊，位於鹿特丹市郊近海，早期此處因大水災，
　　有小嬰孩及床被沖至此，因而得名。此處目前已被聯合
　　國列入世界文化遺產之一。

3. 春神的金手指

——遊庫肯霍夫花園

春神的金手指
四月，它悄悄地指向
荷蘭的庫肯霍夫花園
這裡一指，那裡一指
色彩斑斕，五顏六色
嬌艷的鬱金香
紛紛盛開了，東一大片
西一整塊，戶內戶外
草地旁樹蔭下，競相
拼比著美麗

賞花的人潮，一波
接著一波，像蜜蜂，聞香
而來，用攝像用眼睛與鼻子
讚嘆它們的鮮美，園區內
噴泉興奮的噴向天空
高大的風車，神氣旋轉著
園區外圍河道上，汽船
忙碌的載運遊客
遊賞大地如潑墨織錦般
五彩斑斕的鬱金香花田

贊美啊！這大地的奇跡
荷蘭人與海爭地
胼手胝足勞動的成果
忍受過長長的冬，忍受過
風霜雨雪的侵襲，終於
迎來暖暖的春天
春天的庫肯霍夫花園
瞧啊！滿眼盡是盛開的花朵
滿園盡是賞花的人潮
一場美的饗宴開始了

4. 在羊角村

在羊角村
我們去搭船
一艘艘平底木船停泊運河上
期待遊客歡樂的啓航

船兒緩緩前進了
看運河兩旁一棟棟美麗小屋
綠牆蘆葦草蓋頂
昔日窮苦今反成觀光特徵

運河縱橫四通八達
小小拱形木橋處處
花草樹木鬱鬱生長
啊！儼然小小威尼斯

來到一處廣濶湖泊
水天一色蒼茫無垠
看水鳥群集嬉戲水面上
陽光燦爛四月有情天

啊！在羊角村
徜徉在這寧謐的小鎮
我們陶醉了
一趟詩意的運河之旅

後記：羊角村，位於阿姆斯特丹近郊的小鎮村落，昔因沼澤
　　　低地貧瘠，居民賴挖泥煤及種蘆葦草為生。後將挖煤
　　　坑道拓寬成溝渠，頓成觀光特區。羊角村之得名，傳
　　　因曾在地底挖出大量羊角而得名。

羊角村運河

5. 車馳北海大堤

車馳北海大堤
一趟快意的風速之旅
長長長長的海風
長長長長的海堤

贊嘆啊！荷蘭人
有胆與海爭地
是經過多少挫折與磨難
才能有此偉跡

車馳來到中點站
下車漫步走上天橋
極目遠眺四野蒼茫
海風凜冽吹得人搖搖欲墜

車馳北海大堤
一趟快意的風速之旅
長長的海風長長幾萬里
長長的海堤一望無際

後記：北海大堤，全長 30 公里。隔開北海與須德內海(又稱
　　　艾塞湖)，功程浩大，費時數十年始完工。車行其上，
　　　猶如走入當年「出埃及記」電影中的摩西帶領以色列
　　　人離開埃及的分海場景。

6. 走進地獄之門

走進地獄之門
走進一趟時光之旅
高高築起的圍牆
雄偉聳峙的大門

黑死病啊黑死病
像一陣怪風來無影去無蹤
只留下感染患者
奄奄一息痛苦呻吟

人們束手無策啊
只能無奈地迅速地
趁著月色將患者抬出城外
棄置於門口冰冷的瘟疫屋

走進地獄之門
走出地獄之門
時光僅僅幾分鐘
我們彷彿歷經幾個世紀

註：「地獄之門」及「瘟疫屋」位於荷蘭馬斯垂克市的舊城
　　區。中世紀的石砌城牆及大門，至今仍保留完好，見
　　證當年苦難歷史。

（「國防醫學」季刊）

這仗一定要打

——致永遠的傳主播達仁

這仗一定要打
即使戰到一兵一卒
即使輸到兩手空空
甚至連生命都賠上
我也不後悔

癌症呀癌症
你這可怕的惡魔
吸我的血啃我的肉
令我寢食難安
度一日如一年

我不願再忍耐了
不願再受你的折磨
我要尊嚴
尊嚴的活
尊嚴的死

來吧來吧
硫噴妥鈉
讓我滿飲此杯

　　　　讓神智逐漸陷入昏迷
　　　　永別了，這個世界

註：硫噴妥鈉（Sodium Pentobarbital），一種麻醉藥劑，飲用
　　過量會致死。傅達仁主播晚年不向癌症投降，堅持安樂
　　死，最後以飲用硫噴妥鈉藥劑達成目的。

　　　　　　　　　　　　　　　　　　（2018 年春）

寒流來襲

　起初，那些綠色植株
皆嗤之以鼻，嘻嘻哈哈：
「我等在此已生長數十年，
枝繁葉茂，根深蒂固，
豈畏懼那小小寒流？」
不料俄頃寒風四起，從空中
到地上，呼呼直吹，冷徹
心骨，葉落紛紛，植株們
大懼，紛紛靠攏取暖對抗
寒流挾帶殺傷力極強的
冰雪，攻破三山堡壘，長趨
直入，衆植株紛紛不支倒伏……
在另一邊山頭，久不見的
藍色光芒重新照射，蔚成
一片紅色海洋，啊！是誰
領頭高唱：梅花梅花滿天下
看哪！越冷它越開花
越冷它越開花

後記：韓國瑜當年從台北南下高雄選市長，捲起一股寒（韓）
　　　流，令人振奮難忘。

（2018年秋）

寧夏之旅六首

1. 賀蘭山岩畫咏

是幾千年前？
是幾萬年前？
先人以簡陋的工具
在岩石上留下了痕跡

時間是無情的摧手
不斷以風雨侵蝕破壞
岩畫如今已像熊貓般
萬分珍貴需要特別保護

有些是動物
有些是植物
有些是狩獵祭祀
甚至是戰爭的大場面

走進賀蘭山區
看見一幅幅老祖宗的岩畫
簡單的線條神奇的構圖
彷彿要告訴我們什麼祕密？

2、西夏王陵詠

一千多年前
你們曾是一群沙漠之狼
集體征戰，笑傲大西北
多少龍蛇虎豹為之膽顫

一千多年後
僅剩下這麼幾坯黃土
夕陽西下，沙塵滾滾
何其寂寞與淒涼？

不忍翻閱啊
你那一頁頁滄桑史
一百八十餘載歲月
刀槍劍戟築起的血肉長城

而終於徹底消失了
歷史的舞台何其殘忍
只剩下斷簡殘篇
向世人幽幽訴說著當年

3. 寧夏的黃河

寧夏的黃河
是慈藹的母親
伸溫柔的手臂
撫慰各處土地的乾渴

稻米熟了
麥子熟了
還有各式各樣綠色蔬果
寧夏人呵得天獨厚

寧夏的黃河
是漂亮的母親

處處有幽美風景
讓人留連忘返

黃河石林的壯麗
沙坡頭的神奇
青銅峽 108 塔的神秘
黃河樓不輸黃鶴樓啊

寧夏的黃河
是神奇的母親
孕育了生命
滋潤了萬物的生長

4.在水洞溝遺址

在水洞溝遺址
我們參觀水洞溝博物館
一場天崩地裂聲光實景秀
讓我像古人般逃離現場

在水洞溝遺址
我們參觀明代長城
不堪風雨歲月的摧殘
如今只能奄奄一息著喘氣

在水洞溝遺址
我們參觀藏兵洞
幽幽暗暗上下起伏
古人在此戈壁下了多少功夫?

啊啊！在水洞溝遺址
我們彷彿回到三萬年前
舊石器時代老祖宗茹毛飲血
逐水草而居的日子

註：水洞溝風景區位於銀川市東南方的靈武市轄下。

5. 啊！沙湖沙湖

啊！沙湖沙湖　　　　　　有人在岸邊沙漠騎駱駝
你是沙漠中的奇跡　　　　有人興奮的滑著沙
你是不可能中的可能　　　有人湖上坐遊船
寧夏人的財富與驕傲　　　有人搭著輕航機飛上了天

從這一岸望向彼岸　　　　蘆葦處處荷花盛開
視野蒼茫無邊無際　　　　你是水鳥的樂團
你到底有多大？　　　　　贊美啊！沙湖
湖上的飛鳥說牠也不清楚　妳似寧夏最美的姑娘

6. 與王維相遇

與王維相遇
在寧夏中衛沙坡頭景區
他頭戴著官帽
手中執著一隻毛筆

望著腳底下
浩浩流過的黃河水
他有感吟道:「大漠孤煙直，
長河落日圓。」

遊客很欣賞這些詩句
紛紛趨前和他合影
來，比出一個 V 型手勢
大詩人是來者不拒

而站在一旁
寶島來的小詩人台客
只能微微笑自言自語:
「有為者亦若是！」

（2018年秋）

衛生紙之亂

衛生紙造反了
衛生紙造反了
宮中王牌太監小蘇子
滿臉驚惶踉踉蹌蹌

急奔皇宮速報女皇
女皇高坐金鑾殿上
一臉焦急無奈
登基以來夙夜憂勤

朕非亡國之君，怎麼
事事出現亡國之兆？
速派大鵬部長率兵平亂
於是喪屍部隊大舉出動

賣場如戰場啊
一陣推擠暴搶
衛生紙部隊終究被消滅一空
女皇心仍惴惴下詔罪己

發布了安榜告示
訓令往後百工百業不得造次
言者諄諄聽者藐藐
誰知下次何時禍起蕭牆？

（2018年春）

輝煌大師走了

輝煌大師走了
他是笑著離開人世
三月詩會溫暖陽光
照亮他最後的旅程

身後事力求儉樸
不發訃文不設公祭
死去原知萬事空啊
但悲不見九州同

即使躺在安寧病床上
眼近盲手已無力執筆
仍顫抖著提筆創作
愛詩愛到骨子裡的怪老頭

別了，輝煌兄
文曉村金筑的半世紀戰友
大夥曾共同汗耕葡萄園
如今，淚滴滴向何處？

後記：謝輝煌（1931－2018），江西安福縣人。生前是三月詩
　　　會的資深同仁，也曾是「葡萄園」詩刊同仁。

（2018年春）

鏡　子

這是一面鏡子
清晨，有鳥兒飛臨
照見牠們歡愉的身影
中午，有白雲靜靜佇立
照見它們舒卷的悠閒
黃昏，歸雁成群匆匆掠過

偶爾，風兒也會光臨
吹皺鏡面微微泛波
有時，雁鴨也會群集
鏡面上戲耍著歡歌
盛夏的腳步近了
鏡面下悄悄冒出株株花荷

這一切一切的美好
有時也隨時會被打破
彼時，天空烏雲密佈
閃電雷鳴暴雨傾盆
這面明鏡嚇得發抖
轉瞬間變了顏色

這是一面明鏡

照見我童年的青澀
照見我青年的憧憬
照見我中年的雄心壯志
如今老了，鏡面無波
它照見我內心的寧明

（「郵人天地」月刊）

2019 年詩選

下圍棋

黑與白
兩軍對壘
在一個四方形戰場
展開了生死大戰

戰役先從角邊開始
逐步向中原推進
白軍包圍黑軍反包圍
戰役打得難分難解

終於，戰役結束
清理戰場屍橫遍野
誰能取得最後勝利？
一場無煙硝味的戰爭

（2019年夏）

以約二國之旅 九首

1. 遊傑拉斯古城

一根根石柱
一塊塊巨石
都在風中嘆息
都在地上哭泣

阿拉伯人來了又走了
希臘羅馬人來了也走了
曾經輝煌曾經喧騰
然後是一片死寂

這東方的龐貝古城
哈德良勝利拱門
耀眼的列柱大道
宙斯神的豪華宮殿

不敵時光的風沙
俱倒矢支離破碎
只有巨石旁的綠草
依然每年生長茂密

一塊塊巨石
一根根石柱
都在地上哭泣
都在風中嘆息

後記：傑拉斯（Jerash）古城，位於約旦首都安曼以北約 50
　　　餘公里處，面積廣大，規模空前，歷史上曾經輝煌一
　　　時，後毀於十字軍東征。遺跡掩埋於風沙中，歷經千
　　　年，至 18 世紀初始被重新發現。

2. 尼波山上望約旦河谷地

灰濛濛霧茫茫
一望無際的遠方
導遊指著地圖說：
那裡是伯利恆
那處是耶路撒冷

海拔八百多公尺
卻是此地最高處
當年摩西帶領猶太子民
出埃及歷盡千辛萬苦
終於抵達的地方

蛇杖所指處，下方

就是流著奶與蜜
上帝應許之迦南地
先知摩西説完啊
卻也一病不起

尼波山上望約旦河谷地
想像當年的摩西
看看如今的以色列
先知預言實現了嗎？
霧仍茫茫灰依舊濛濛

後記：尼波山（Mt.Nebo）位於約旦首都安曼西南方約40多
　　　公里處，鄰近死海，海拔870公尺。當年先知摩西率
　　　領猶太人出埃及記，最後抵達的地方。山頂目前仍留
　　　有蓋棺圓形巨石等遺物。

3. 在死海裡飄浮

在死海裡飄浮
海水浩淼蔚藍
天空白雲朵朵
太陽微笑海風習習

在死海飄浮
看我躺成一根浮木
猶如一隻四爪章魚

在水中載浮載沉

在死海裡飄浮
看一大群遊客
來自地球四面八方
把死海游成一片歡樂

在死海裡飄浮
化不可能為可能
為人生添一段精彩
我幾疑身在何處？

4. 贊嘆！這座玫瑰的城市

——遊佩特拉古城

贊嘆！這座玫瑰的城市
上帝創造的奇蹟
處處是高聳的岩壁
處處有美麗的驚奇

剛走完長一點二公里
險峻峭麗的西克狹谷
巍峨壯觀的阿卡茲神殿
赫然呈現在我們眼前

遙想兩千多年前納巴泰人
如何在此艱辛建立美麗家園

羅馬人繼之而來
持續擴建讓規模達到空前

放眼道路兩旁及山丘
數也數不盡的精雕皇家陵園
規模完善的水利設施
以及寬闊的市集街道與劇場

雖然時間的風沙
曾經淹沒了它一千餘年
像一顆明珠重新被擦拭
如今它再度煥發光芒耀眼

贊歎！這座玫瑰之城
阿拉應許之地
處處是陡峭的山坡
處處有不可思議的美麗

後記：佩特拉（petra）古城，位於約旦南部，世界遺產及新
　　　七大奇蹟之一。因古城岩壁建築，大部分皆成呈現一
　　　種美麗的紅色，故又有玫瑰城之稱。

5. 徜徉在瓦地倫

徜徉在瓦地倫
一大片荒漠的世界
寸草不生隕石山丘林立
彷彿來到月球表面

四輪傳動車載我們
飛馳在荒漠上
感受馳騁的快意
拜訪當地友善原住民

騎上駱駝出發了
一大隊駱駝緩緩前進
夕陽逐漸西下
霞光燦燦染紅天邊

夜宿星空帳篷
人生難逢的體驗
夜晚萬籟俱寂
唯夜空群星耀眼

後記：瓦地倫(wadi rum)位於約旦南部，荒漠世界，地形地
貌酷似月球表面。

6. 在哭牆

在哭牆
我也不能免俗的
俯頭靠牆閉眼傾聽，隱隱
有歷史的聲音傳來
馬蹄雜沓聲、哭泣聲
槍礮聲，敵人勝利的狂笑聲
火焰熊熊燃燒的剝裂聲
一直一直穿進我的耳膜
是誰，拍了拍我肩膀
該走了，我猛然驚醒
額頭微微出汗，望向牆頭
一隻和平鴿正停留其上
咕咕咕，似乎在對我
微微笑

7. 走在苦路上

走在苦路上
一步一步，腳步
似乎特別沉重
苦啊！當年的耶穌
被門徒猶大出賣，揹著
十字架，在羅馬軍人押解下
一步一艱難，往前進發

短短百餘公尺路，三度
傾跌，身心俱疲，最後
被釘死在十字架，傳說
三天後他又神奇復活
他的神跡無所不在
似乎成了全人類救星
啊啊！信者恆信
不信者不得永生
哈里路亞！

後記：「哭牆」及「苦路」皆位於以色列耶路撒冷老城區。

8. 以色列公路上望死海

車子一路由南往北駛
荒漠與光禿禿的山丘
迎面而來少有人跡
漫長漫長的沙漠公路

突然一片海藍飄來
死海浩浩瀚瀚的死海
綿綿延延無邊無際
到底有多長多深多神秘？

近幾十年來它已大幅萎縮
像一只逐漸消風的汽球

以色列導遊悲哀的
指著日漸退走的海岸説：

或許再過幾十年一百年
死海將完全消失在地球
如何拯救全力挽救
或許有賴人類與上帝之手

9. 哦！加利利海

哦！加利利海（註一）
妳是美麗之海
生長於以國北境
一位穿水藍色衣裳的女孩

我遠從萬里之遙來探妳
妳以秋日之姿
以滿臉陽光笑容
以海鷗的愉悦之情迎我

妳也是神奇之海
傳説耶穌曾在妳水上行走
五餅二魚的事跡如今（註二）
如今仍在風中傳説

搭一艘仿古遊輪

我親炙妳內心的溫柔
朦朧夢幻般的女孩
哦！加利利海

註一　加利利海（Sea of Galilee）位於以色列北部，南北長
　　　約 21 公里，東西寬約 11 公里，面積約為 166 平方公
　　　里，約為日月潭的 20 倍大。它其實是一口淡水湖，湖
　　　水接收自約旦河。
註二　五餅二魚，指耶穌當年在加利利海邊，曾以僅存的五
　　　張餅及二條魚，施展神力而餵飽五千餘名當地漁民信
　　　徒的事跡。

（2019 年元月）

只是告辭

攢在在手中的
僅剩這麼一些了
像銀行的存款
越用越少無法增加
該如何利用，每天
盤算了又盤算
卻總是，唉！人生
沒有後悔藥
早上，該起床
還是要起床，晚上
該睡覺還是要睡覺
白天，趁著還清醒
趁著老骨頭還能動
樂享每一天，直到
那一天到來，我
先走了，啊啊！別說
再見，我只是告辭

（2019年春）

地中海遊輪行九首

1. 初抵馬賽港

初抵馬賽港
一個週日午後
天然的港灣
港灣旁擁擠的人車爭道
海浪輕湧，柔波中
一艘遊艇忙祿地載送遊客
到外海去巡遊
幾隻海鷗相伴
快樂的出航

初抵馬賽港
遊覽車載我們抵達山頂
頂上嘉德聖母院巍巍身影
震撼我們仰望的視角
攀登其上，俯瞰大灣區
海水蔚藍，浮金點點
幾座綠色島嶼美麗散佈
鷗鳥翱翔，風帆點點
海天一色壯麗的景緻

初抵馬賽港
這座法國南方最大城市
歷史上兩千多年
曾經見證多少海上滄桑
盜賊們成群來了又去
二戰敵軍曾經武力重重轟炸
從廢墟中又勇敢站起
如今密密麻麻港灣建築
見證它的繁榮與興盛

2. 黑面聖母頌

高高端坐於
蒙特塞拉特聖山上
慈藹的聖母瑪莉亞啊
默默地俯視著
山腳下的芸芸眾生

香火與焰燭整日繚繞
即使被煙薰得頭昏腦漲
臉色逐漸由白轉黃發黑
您也不皺一下眉
您也不說一聲苦

啊啊！大無畏的聖母

為了庇護眾生
您永遠默默犧牲奉獻
就像當年您的兒子耶穌
為猶太人勇敢付出生命

在遙遠東方有黑面媽祖
如今西方也有黑面聖母
或許東西方人都一樣
需要一位全能的女性
我們日日仰望的母親

註：蒙特塞拉特聖山，位於西班牙巴塞隆納市郊區，海拔約
　　一千多公尺。山頂上建有規模宏偉的修道院，供奉黑面
　　聖母瑪莉亞。

3. 聖家堂教堂頌

有哪一座教堂
蓋了一百四十多年
至今仍沒有完成
將來何時會完工?

有哪一座教堂
室內採用自然工法
走入其內彷彿
走入一座原始森林

有哪一座教堂
牆上的立體壁畫
能盡顯耶穌的一生
祂的出生受難與升天

啊啊!唯有聖家堂
巴塞隆納市區的聖家堂
感謝天才建築師高第
他的一生已成西班牙傳奇

4. 海鷗海鷗

海鷗海鷗
美麗的鳥類
雪白的羽翼
流線型的身體

當船兒離港
汽笛聲嗚嗚響起
是該離別的時候
所有人都站在甲板揮別

啊啊！誰也沒有來相送
情人不來
眷戀的家人不來
唯有海鷗

海鷗成群翱翔
在船頭船尾船四周
牠們上下盤旋有情有義
千里來相送

別了海鷗
別了海港
我們是遠來的東方遊客
在地中海做海上遨遊

5. 悠閒地中海

悠閒地中海
像一張超大藍色海床
我們的遊輪航行其上
如一個小小搖籃

此刻我正躺在搖籃裡
船頂甲板的躺椅上
搖籃輕輕搖啊搖
搖籃輕輕晃啊晃

陽光和煦，柔柔
灑落在我身體上
涼風習習，輕輕
吹拂著我的臉龐

白雲朵朵
像一團團可口綿花糖
浩宇穹蒼
神清氣爽的晴朗朗

悠閒地中海
像一張超大藍色海床
輕輕搖晃
我正躺在遊輪搖籃上

6. 在帕勒摩

在帕勒摩
我們去看大教堂
美輪美煥莊嚴肅穆
有一位女聖者因拯救人類
免於黑死病之肆虐而引人注目

在帕勒摩
我們去看普雷托利亞噴泉
但見精雕細琢奧林匹亞眾神
正擺出各種優美恣態歡迎
底下各種噴水動物令人目不暇給

在帕勒摩
我們去看諾曼第王宮
看馬西摩歌劇院
看位於人車擁擠十字路口
代表春夏秋冬的神奇四角場

在帕勒摩
這義國南方西西里島最大城
傳說中黑手黨的故鄉
却不見心狠手辣黑手黨人
唯有和樂百姓及觀光客來來往往

7. 羅馬羅馬

羅馬羅馬
不是一天造成的
二千五百多年的歷史
地底下處處是古跡
地底下處處有驚奇

看哪，羅馬鬥獸場的神奇
君士坦丁凱旋門的壯麗
古羅馬廢墟宛如露天博物館
西班牙台階尋找奧姬
當年拍攝羅馬假期電影的座椅

走過長長帝國大道
來到舉世聞名的許願池
充滿力與美的眾神
仍在泉水中奮力駕馭著駿馬
叮咚，遊客紛紛丟下了銅幣

羅馬羅馬
條條大道通羅馬
遙想當年的羅馬帝國
版圖雄跨亞歐非三大洲
羅馬，還真不是一日造成的

8. 迷你梵蒂岡

迷你梵蒂岡
到底有多迷你
啊！它的領土
竟然不到一平方公里

迷你梵蒂岡
到底有多不迷你
啊！它的信徒
比義大利幾千萬人口還有餘

走進聖彼得圓型大廣場
就好像走入了天主懷抱
長長的方尖碑可上達天聽
四周數百位聖者雕像撫慰心靈

教宗，教廷最高領導者
每年會出現高樓和信眾衆揮手
那時和平鐘不斷敲響
望彌撒唱頌歌耶誕快樂

9. 街頭藝人

他，孤獨地站在
馬賽港邊的鐵柱上

全身彩裝肩頭佇鳥好似假人
只要在地上杯中投以銅板
他就會如機器人般左右擺動

她，孤獨地坐在
帕爾馬大教堂石階前
全身銀裝素裹似個大玩偶
偶爾會對遊客揮揮手
期盼引起往來遊客的注意

他，站立巴塞隆納街頭
手中排笛不停吹奏
動人的音樂旋律流洩流洩
遊客匆匆來來往往
少有人投以關注的一瞥

街頭藝人街頭一人
他們孤獨的身影
在繁忙熱鬧的街頭港口
像一陣寒風
颳起人世間的歡樂與憂愁

（2019 年 2 月作於地中海上）

夜 空

多寂寥呀
蒼穹的夜空
無月亦無星
四野一片漆黑
唯蟲聲唧唧，伴我
夜歸人趕路急急

多熱鬧呀
蒼穹的夜空
月兒露臉群星眨眼
當年，是誰偎在阿母身邊
庭院乘涼數星星
數著數著睡着了

多神秘呀
蒼穹的夜空
一架光速機悄悄降臨
火星人載我飛向天去
一整夜的太空歷險
醒來，只是一場夢

(2019 年夏)

南方的呼喚

是那蔚藍一碧無垠的天空
是那無盡稻浪翻飛的大地
是那迎風高飛枝上呢喃嘰喳的鳥們
是那昂首站立忠心守護的椰子樹群

不斷地不斷地
日夜在心裡呼喚我
回去回去，返回
那曾經哺育疼惜你的土地

是那陽光般燦爛的親情笑容
是那大海般廣闊的友誼胸襟
是芒果與香蕉鳳梨與芭樂
戀愛故事悄悄發芽成長的地方

不斷地不斷地
有一種聲音持續呼喚
回去吧回去吧，返回
南方陽光般的故鄉

那棵老槐樹簌簌的落葉
是否正在訴說久別的思念
我回來了，鳥們奔相走告
春風柔柔吻上我濕潤的臉龐

（2019年夏）

馬祖行五首

1. 大砲連的大砲

大砲連的大砲
怔怔地望著天空
天空灰濛濛地
就像它此刻的心情

往日的輝煌已逝
周圍只剩下鳥雀
嘰嘰喳喳陪伴
風兒輕輕穿過林蔭樹梢

觀光客一批批
來了又去指指點點
班兵無聊地守衛在旁邊
頻頻打著哈欠

2. 芹壁村的烏龜

芹壁村的烏龜
是從何方，在何時

游到了這裡
蔚藍的海面上

是貪戀這裡的美景？
是愛上此地的風土人情？
從此，駐足不走了
一隻有情有義的烏龜

海風日日吹襲您
海水夜夜拍打您
不畏風雨的神龜啊
一道最美的風景

3. 坑道詠

兩岸對峙的年代
人們忙於挖掘你
一座座機鎗
一挺挺巨礮
隱身於你，暗暗
指向敵人的心臟

兩岸和緩的年代
人們忙於裝飾你
一條條彩帶
一罈罈老酒

吸引無數觀光客
人潮錢潮源源不絕

4. 東莒燈塔咏

在漆黑的海面上
迷霧茫茫，往來船隻
像瞎子走入大馬路
車水馬龍，啊啊
危險危險，時時
有遭受吞噬的噩運

此時，徐徐
你睜開了大眼
目光疾疾掃射海面
給予船隻方向與希望
因為有你，大海不再危險
航隻安全駛入灣港

5. 在西莒島

在西莒島
我們去看蛇山
海面上一條巨蟒
身體若隱若現海中飄游
據說春夏之交燕鷗最愛來此

築巢下蛋孵育繁衍後代

在西莒島
我們去看菜浦澳
一處破碎的火山地質港灣
海浪轟湧礁石裸露
這裡盛產野生紫菜
所有權歸神明陳元帥（註）

在西莒島
我們緩步走在有容路
兩邊巨榕夾道垂蔭歡迎
匆匆兩個多小時拜訪
我們告別青帆港
一座美麗的港灣

註：菜浦澳盛產的野生紫菜，所有權歸神明陳元帥。每逢採
　　收季節，當地有意願的百姓會聚集在元帥廟裡，以標會
　　的形式取得當年的採收所有權。

（2019 年 5 月）

假如我能飛行

假如我能飛行
我就要展開我的翅膀
飛向蔚藍的天空
俯瞰寶島美麗的版圖
啊！巍巍的中央山脈
壯麗的太平洋海景
還有金黃的嘉南大平原
多麼的寬闊多麼豐饒

我還要繼續往西飛
越過祖先來時路的黑水溝
鼓翼前進，抵達
中國大陸祖國的上空

看美麗的秋海棠葉
曾經一寸寸被蠶食
多麼令人痛心啊
如今竟又神奇逐漸復原

我將又繼續飛行
過了西亞諸國抵達歐洲
看看那些長長的大河
逛逛那些險峻的山峰
然後再鼓起餘勇，冒險
飛越大西洋抵達美洲大地
像哥倫布當年一樣狂喜
卻也終於不支倒地

（2019年夏）

慢　活

清晨，一群老者
公園廣場上
慢慢慢慢打著太極
白鶴亮翅單鞭下勢……
打著打著打出
一輪紅通通朝陽

中午，午休既畢
那些人群聚公園裡
有人下著象棋，有人
玩著撲克，人人
滿面笑容，個個
興緻昂揚

傍晚，他們沿著
長長的河堤散步
在學校操場慢跑
汗珠從他們
紅通通的額頭滾下
伴著一輪火紅夕陽

（2019年5月）

蝴蝶谷裡的蝴蝶

——遊花蓮富源森林遊樂區蝴蝶谷

蝴蝶谷裡的蝴蝶　　　　　來到夢幻花園
牠們多麼幸福呀　　　　　走入「蝴蝶的一生」
有良善的居住環境　　　　看一隻隻蝴蝶
有採不完的花蜜美食　　　如何從小毛毛蟲
一隻隻在花叢間飛舞　　　蛻變成美麗的花仙子

蝴蝶谷裡的蝴蝶　　　　　啊啊！我也願化身
它們多麼美麗呀　　　　　為蝴蝶谷裡的一隻
爭奇鬥艷炫目奪人　　　　蝴蝶，長居於此，美麗的
大自然美妙的精靈　　　　花東縱谷，中央山脈腳下
駐足展示在標本展館裡　　流水潺潺林蔭深深無覓處

（2019年夏）

櫻島之歌

巍巍聳立在海上
一座青翠的島嶼
日日雲來陪伴
夜夜風來探望

也曾憤怒
滾燙的熔岩噴向空中
溢滿了海上
天空發抖萬物觳觫

而今時過境遷
但我還沒有死透
薄薄的火山灰不斷噴發
證明我一息尚存

錦江灣上
渡輪忙碌來來去去
我已成觀光聖地
一座開滿櫻花的島嶼

後記：櫻島，位於日本九州南部鹿兒島市旁的港灣內，是一
　　　座活火山島。

2020 年詩選

人生如畫

人生如畫
幼年時我們塗鴉
色彩斑斕
畫天空畫大地
畫花草樹木畫萬物
無不充滿夢幻美麗

人生如畫
年輕時我們彩繪
用青春的活力揮灑
畫出我們的前景
無邊遼闊的大地
理想的天空滿是蔚藍

人生如畫
如今我們垂垂老矣
彩筆再無力舉起
只能用一隻殘手
遙指天邊一輪夕陽
緩緩墜落壯麗輝煌

（2020年春）

上帝的金戒指

上帝的金戒指　　　　　　誰有那麼幸運的手指
金光燦燦閃耀輝煌　　　　能戴入這上帝的祝福
在天際之上　　　　　　　以日與月為材質
在我們的眼前　　　　　　打造出的超級訂情物

透過遮陽眼鏡　　　　　　啊！戀人親密的愛人
啊！不可思議的魔術秀　　我願把它獻給妳
只能贊嘆只能歌頌　　　　祝福妳一生圓滿幸福
大自然神祕的宇宙　　　　祈禱妳青春永駐

　　　　　　　　　　　　　（秋水詩刊 2020 冬季號）

後記：2020 年 6 月 22 日下午 4 時 14 分左右，台島上空發生
　　　難得一見的日環蝕天體奇景，觀後有感！

木瓜株語

雖然不幸
我被一陣強風吹倒
身軀匍伏於地
但我不自卑自怨
仍然堅強的成長
看，如今我的頭頂
掛滿累累的果實
當它們成熟時
歡迎摘下
鮮甜的果肉奉獻你們
但請把粒粒珍貴的
我的籽孫
灑在大地上，讓它們
綿綿延延成長

（2020 年夏）

妳 的 到 來

——給 2019 年 4 月 8 日出生的孫女廖容宣

妳的到來　　　　　　人間四月天
像一陣春風　　　　　　處處有溫暖
悄悄吹拂　　　　　　　處處枝頭百花鬧
喚醒了我久蟄的心　　　處處百鳥喜迎春

妳的到來　　　　　　敲個鑼吧打個鼓吧
像一場春雨　　　　　鄭重向大家宣布
龐龐沛沛　　　　　　妳的到來，我們
澆灌了我渴望的情　　迎接一個嶄新「宣」時代

（文訊重陽節特刊）

作者於鶯歌家中抱著孫女廖容宣

後 院

所有不透明的
交易
都在這裡進行
陰暗晦澀
陽光照不到的地方
蛇鼠橫行之場所

誰想去一探究竟
誰想掀開重重黑幕
肯定沒好果子吃
一串串暗箭
一隻隻飛鏢
如蝗般射過來

後院大門
永遠為你而開
膽大妄為的
利慾薰心的
不怕死的
歡迎闖進來

（笠詩刊 2020 年 12 月）

馬祖啊馬祖

馬祖啊馬祖
閩江口一串耀眼的珍珠
風裡來浪裡去
億萬年時光
歷盡多少大自然變遷
看盡多少人間的滄桑

曾經倭寇海盜群聚
呼風喚雨化外之地
曾經一群孤臣孽子退此
誓與海島共存亡
時光是最好的淘洗劑
如今你蛻變成兩岸和平之橋

和平之橋啊四鄉五島
早安，福澳港晨光輝映著
暮鼓晨鐘的枕戈待旦
巍巍媽祖巨神像
馬港山頂寶舟上聳立
俯瞰著海波不興人船安寧

和平之橋啊四鄉五島

午安，碧海藍天芹壁村
美麗的石屋山坡上錯落散布
習習海風吹醒了地中海記憶
一隻靈龜真奇妙
鎮日在澳口海面飄呀飄

和平之橋啊四鄉五島
晚安，兩隻忠犬遙相守望（註一）
東邊一位穿白衣老燈塔巨人
猶在緬懷往日榮光
西面依山傍海那片港的青帆
來來往往大小船兒繁忙

和平之橋啊四鄉五島
日安，東風湧起千層浪（註二）
人定勝天那座中柱橋
完美了咫尺天涯的渴望
太白天聲賞驚濤
一線天多麼奇妙

和平之橋啊四鄉五島
夜安，成群燕鷗天空翱翔
三五梅花鹿山坡上閒逛
你的老酒最甘醇
你的坑道可行船
藍眼淚夏夜海上閃呀閃

馬祖啊馬祖

閩江口粒粒奪目的星群
風颸起浪湧去
億萬年時光
歷盡多少大自然的汰擇
賞盡多少人間悲歡離合

註一：莒光鄉二島，昔合稱白犬列島。
註二：東引島昔稱東湧島。

（2020年冬）

歸鄉曲

踩踏滿天風雨歸來
我又返回思念的故鄉
故鄉的山故鄉的水
你們是否依然無恙？

曾經在您的懷裡
我們度過無憂的童年
您像母親一再縱容我們
我們的歡樂與哀愁

然後我們離開了您
去到霓虹閃爍的社會打拼
汗水與淚水，人生啊
人生不能迷失自我

長長與短短
幾十年生命轉眼過
如今我們已日落西山
母親啊故鄉我想念您

故鄉啊母親我想念您
請接受一個浪子的懇求

我想重回您的懷抱
在您的懷裡永遠安眠休息

（秋水詩刊 2020 冬季號）

2021 年詩選

夫妻樹

屹立在天地之間
已經幾千年了
瞧你們一身枝椏虬曲
碩大枝幹向天

不畏寒風吹襲
不懼烈日曝曬

幾千年來始終如一
手牽著手相互倚賴

你是夫我是妻
夫妻本是一體
如今老了無力支撐
倒下也要轟然倒在一起

（2021年春）

台灣姑娘

太平洋海風吹拂妳底臉龐
台灣海峽浪花濺濕妳衣裳
水靈靈眼睛，彎彎眉毛
寶島姑娘，多少男兒心中夢想

阿里山雲嵐霞光為妳梳妝
日月潭柔波飄逸妳底髮香
健美如野鹿，柔情似水
台灣姑娘，熱情大方心地善良

上山採茶歌聲悠揚嘹亮
下海養蚵不畏狂風巨浪
寶島姑娘，勤奮樸實耐勞
一生青春歲月奉獻無私堅強

出外是社會的中堅脊樑
入內是家庭的溫暖陽光
台灣姑娘，堅貞自持勇敢
守護家園永保安康

（洛陽「牡丹園」詩報）

走進張家界

走進張家界
走進一個幽深冥想的世界
藍皮膚阿凡達納美星球人
騎著靈鳥叢林中飛行
恐龍繁衍迅速佔領地球
牠們正四處遊走
不斷發出高分倍怒吼
漫山遍野的原始野獸
有大有小有高有矮
千奇百怪的姿態，突然
一陣山風霧海襲來
剎時全化為奇岩怪石
一條名叫金鞭的溪流

蜿蜒蜒蜒潺潺流過
流過水花激濺千峰聳立
流過楓紅層層霞光夕晚
流過春夏秋冬四時美景變異
瞧！土家族美麗的姑娘
又在唱起了嘹亮山歌
歌聲迴盪在原野山谷
吸引了飛鳥走獸前來悅聽
陶醉了五湖四海的遊客
紛紛豎起大姆指盛讚：
張家界武陵源
一塊神奇神秘的土地
中國湖南最美的一張名片

（香港『世界詩人』雜誌）

金筑歸主懷

金筑歸主懷　　　　　既是基督的信徒
慈藹又安祥　　　　　也是詩歌界大將
眾人齊唱安魂曲　　　擅長吟誦聲如宏鐘
仙樂飄飄天使降　　　高山仰止流水蕩蕩

從貴州到台灣　　　　金筑歸主懷
飽嚐艱辛備受苦難　　喜樂又平安
九十四載人生　　　　眾人齊唱安魂曲
謙沖為懷與人為善　　哈里路亞聲飄黔靈山

（2021.12「文訊」月刊）

後記：金筑，本名謝炯，貴州貴陽人。1928 年生，2021 年
　　　12 月 23 日辭世。一生熱愛新詩及歌唱朗誦，出版詩
　　　集數本。曾任葡萄園詩刊社長多年，也是一位虔誠的
　　　基督信徒。

信行禪寺

嘟嘟嘟嘟……
禮懺木魚聲敲醒了一個上午
拎拎拎拎……
淒楚招魂鈴聲間歇響個不停

地獄不空誓不成佛
地藏王菩薩高坐龕中
救苦救難法力無邊
觀世音菩薩啊諸天神佛

寺前廣場那棵神榕
盤根錯節鬱鬱蔥蔥

中門牌匾醒目大字
苦海無涯啊回頭是岸

這裡是往生者的安魂場
每天人來人往繁忙
這裡見證大去來得之速
人生啊譬如朝露

篤篤篤篤……
禮懺木魚聲敲醒了一個下午
喨喨喨喨……
淒楚招魂鈴聲悲摧響個不停

（洛陽 2021 年「牡丹園」詩報夏季號）

春已到誰知道？

春已到誰知道？
樹上的鳥兒先知道
成群翱翔在藍天之中
快樂的旋舞
美妙的啼叫

春已到誰知道？
地上的植物先知道
紛紛從冬眠中甦醒
微風中伸出嫩綠小手
呼朋引伴招蜂引蝶

春已到誰知道？
澎湃洶湧的大海知道
直插天際的雪峰知道
綿延無盡的山林知道
騰躍原野的群鹿也知道

春已到誰知道？
你知道我知道
炮竹一聲除舊歲
牛氣衝天刺新冠
打敗疫情奔藍天

（洛陽 2021 年「牡丹園」詩報春季號）

洛陽牡丹詠

這不是人間該擁有的
只能在天上
一朵朵盛開的
粉紅、鮮紅、豔紫、素白
是眾家仙女美麗的衣裳
怡情養性，繽紛悅目

這不是一般年代所能呈現的
只能想像盛唐
明皇正率後宮佳麗出遊
樂指一朵朵鮮花說：
這朵該是貴妃楊
那朵應是美人徐

（2021 秋季洛陽「牡丹園」詩報）

看不見的敵人

看不見的敵人
地獄來的使者
它隱身在空氣中獰笑
不斷地變種變種變種

哪裡有破口
它就往哪裡鑽
鑽進你的口鼻喉嚨
進入你的體內

發燒咳嗽肺栓塞
病人在輾轉痛苦中死去
遺體迅速火化
等不到一位親人來送行

看不見的敵人
幽冥來的惡魔
正在嚴厲懲罰著人類
一場世紀末的劫難

（「笠」詩刊 2021 年春季號）

原鄉之旅二首

1. 詠山川硫璃吊橋

一條磐龍
一道彩虹
在隘寮溪上空
南台灣最美的天際線

山川為它喝采
琉璃給予祝福
人群來自四面八方
興奮愉悅地踩踏而過

2. 詠涼山瀑布

群山呵護
萬樹蘊釀
你終於破土而出
美麗而暢快的墜落

走進涼涼的山

來到幽幽的谷
終於見到你的廬山真面目
啊！一條垂懸九天的銀河

後記：山川琉璃吊橋、涼山瀑布位於高雄市與屏東縣交界的
　　　茂林國家風景區內。

山川琉璃吊橋全景

啊！海地

啊！海地
加勒比海一島國
黑皮膚為主的國家
宿命的窮困
悲慘的命運
一直緊緊纏繞著你

那位貪婪不下台總統
剛剛被暗殺不久
（權利啊比死亡更迷人）
一場七級地震馬上襲擊你
屋倒人亡死傷枕籍
多少人正在哀哀求救

而命運之神猶不放過
熱帶風暴挾著強風豪雨
正從遠方襲捲而來
人民逃無可逃
陸地是死亡
海上是枉死

啊！海地

加勒比海一島國
被上帝遺棄的地方
誰能伸出拯救之手？
全世界都在看
都在嘆息著

（2021 年夏）

國慶日不快樂

國慶日不快樂
藍藍的天不快樂
飄揚的旗不快樂
被口罩勒緊的
人人臉上寫著不快樂

一群塔綠班
一群綠蟑螂
用詐術占據腫桶腐
他們狼吞虎嚥，日日
吸食著老百姓的血

已經多少年了
中華民國啊這位長者
不堪日日折磨
像風中殘燭，垂死的
在無聲吶喊掙扎

誰是救亡圖存的勇者？
誰能鼓動當年辛亥風潮？
像大旱之望雲霓
揮舞吧！青天白日滿地紅

我們手中最愛的旗

國慶日不快樂
天上飛的白鴿不快樂
水中游的魚兒不快樂
被口罩勒緊的
人人臉上寫著不快樂

（2021年國慶日）

悲摧阿富汗

悲摧阿富汗
南越 2、0 翻版
46 年前在西貢
46 年後喀布爾
不同的時空
彷彿相同的場景：
一架直昇機匆匆起飛
滿載逃離的大使館官員
而更多更多的百姓
像螻蟻般四處奔逃
上天無路入地無門
塔利班的機槍開始掃射了
啊啊！悲摧阿富汗
靠山山崩靠牆牆倒
可恨可恥的總統先生
您竟先逃了，專機上
滿戴美金、金條
國破了，逃往何處？
家沒了，奔向何方？

（「工農文學」季刊）

澎湖行五首

1. 澎湖之歌

千萬年前
海底火山爆發
轟隆隆轟隆隆
一舉把我抬出海面

野草樹木在我身上瘋長
海風呼呼的吹
成群野鳥來此棲息繁衍
我變成野鳥樂園

然後人類來了
唐山過台灣
黑水溝危險重重
我成為他們的避難所

鄭成功大軍來過
施琅的大軍也來過
當年兵戎肅殺的場面
天妃娘娘媽祖都曾目睹

不管時光如何飛逝
我還是我，一座
屹立於海面上的美麗島
歡迎大家前來觀光

不管人事如何變遷
我還是我，一座
天然的玄武岩群島
歡迎各位大駕到訪

2、澎湖的風

澎湖的風
從天上來
從海上來
從每一個角落呼呼吹來

吹得鳥兒失了影蹤
吹得船兒只能靠港休息
吹得走在街道的行人
紛紛掩緊大衣縮起了脖子

澎湖的風
從天上來
從海上來
從每一個角落呼呼吹來

吹得那棵三百多歲老神榕
也不得不彎腰匍伏垂鬚
吹得遍地的銀合歡樹
東倒西歪奄奄一息

澎湖的風
從天上來
從海上來
從每一個角落呼呼吹來

忍著吧忍著吧待到明年
春神的號角再度響起
看遍地的天人菊四處展笑顏
仙人掌托起紅紅果實歡迎光臨

3、風櫃洞的浪

風櫃洞的浪
像餓虎像饑獅
一次次向岸上猛撲
轟隆隆轟隆隆
發出震天的巨響

天氣如此陰沉
東北風呼呼的吹

天地間似乎所有生靈
都已消逝無蹤
只剩下只剩下

這一大片玄武礁岩
苦苦硬撐，卻也
不堪惡浪的一再撕咬
而殘破而缺損
竟出現一條條深深的溝槽

當我來到時
天清氣朗陽光普照
溝槽裡的海浪
溫柔拍打發出細碎聲響
似在向我輕輕問好

4. 摩西分海

──奎壁山地質公園所見

後面是埃及
前邊是西奈
隔了一個紅海
海浪波濤洶湧
如何是好如何是好？

遠方煙塵滾滾

法老王的追兵已近了
只見領羊人摩西，突然
拿起權杖大喝一聲
海水頓時轟然退開

海中出現一條海路
久候遊客像當年猶太人
紛紛搶著下海
從埃及奔西奈
從本島走離島

5. 通梁古榕自述

三百多年前的一場海難
我落腳於此
櫛風沐雨
向老天討生活

和澎湖人一樣
日出而作日入而息
看鄉親們下海捕魚
辛勤終年換得一家溫飽

和貧瘠的土地奮鬥
與強烈的東北季風爭生存
三百多年來

看盡多少人事的變遷與滄桑

如今我垂地長鬚百餘
枝繁葉茂廣庇鄉里
我從不言老
我是澎湖的奇跡

（創世紀詩刊 210 期）

2022 年詩選

2022 春夏疫情記事

1. 新冠病毒

在空氣中流動
看不見的惡魔

侵蝕我們的喉嚨
浸潤我們的心肺

2. 疫　苗

人體是一座城堡
疫苗是武器

敵人來攻城了
快拿出武器禦敵

3. 隔　離

僅僅一窗一門之隔

咫尺天涯

親愛的何日再相見
只能在夢中

4．封城

這是最後的霹靂手段
酷熱的大地頓時冰封

擋得住滾滾熔岩嗎
在地底轟隆轟隆

5．口罩

勒緊在臉上口鼻
人人少了笑容

有罩走遍天下
無罩寸步難行

6. 快　篩

有時陰轉陽有時陽轉陰
心情起伏似多變天氣

一戳再戳三戳
鼻咽說它們快受不了了

（笠詩刊）2022 年 6 月

（大陸「工農文學」雜誌秋季號）

七夕情人節

七夕情人節
我坐在一只老舊搖椅上
苦苦的回味
所有的情人都已離我
遠去，再見再見
曾經擁有的幸福
像過眼雲煙
飄渺得不知所蹤

七夕情人節
幸好幸好
還有一位原配
不嫌我又老又醜
如薔蘿依附松柏
仍然時常陪伴我左右
不時給我噓寒問暖
啊啊！我應該感謝

（2022 年七夕）

又是一年

又是一年
時光快似閃電
去年的鞭炮聲未消
明年的慶祝鑼鼓已即將敲響
一年多麼迅速
一年又何其漫長
從年頭到年尾
新冠疫情追著我們跑
打針打針再打針
口罩每天勒緊在臉上
人們少了笑容多了煩憂
又是一年
人生宛如朝露

猶記當年年紀小
兩小無猜世界多美好
倏忽間我們已即將老去
黃昏夕陽當頭照
辛苦的旅人啊
是要繼續趕路？
還是停腳歇息？
時代巨輪不斷輾過
從不為任何人停留
又是一年
2021歲次辛丑牛蹄聲漸遠
2022壬寅虎腳步悄悄走近

（洛陽「牡丹園」詩報）

虎年之歌

蟄伏於深山老林
整整十一個年頭
今年終於又輪到我當值
大吼一聲，虎躍而出

繁華大千世界
令我眼花撩亂
漫步世塵鄉里
發覺人人面帶煩憂

原來是新冠小兒作遂
正在荼毒肆虐人類
可惡小鬼，哪裡逃
一口將它們通通吞噬

又見鬼魅魍魎橫行
國與國間爭戰不休
無視災民流離失所
地球正在唱著毀滅輓歌

你們這些無良政客
爾等可惡蛋頭王八

看我的虎爪猛撲
撕毀你們光輝形象

蟄伏於深山老林
整整十一個年頭
今年我又重新出山
願天下太平人人安樂

（牡丹園）詩報總第 76 期　2022 年 4 月

虎年油畫（丘孔生繪）

金門之旅 二首

1．金門大橋

一道臥波長虹
橫跨於金烈水域
一條靜伏巨龍
拉近了兩金距離

白日，鷗鳥成群翱翔
驚訝於你的壯麗
夜晚，群星夜空俯窺
痴迷於你的旖旎

海水層層湧動
海風吹拂習習
一支支高粱穗心勇士
把你穩穩托起

不畏狂風
不懼暴雨
你是金門的指標
你的兩岸的驕傲

2. 金門頌

一座金色大門
屹立在九龍江口
曾經百戰不退
阻擋了赤色紅流

那位開台的孤臣孽子
曾在此整軍經武
太武山上猶留下
他當年的觀兵奕棋處

這裡曾是遍地黃沙
貧瘠得鳥不生蛋
這裡如今翠綠一片
早已成觀光大縣

東北有三寶
人蔘貂皮烏拉草
金門有三寶
高梁酒貢糖一條根好

站立在大街小巷口
風獅爺正盡職的把風
高立在石柱矮牆上
風雞正大聲的喔喔啼

四通八達的坑道
藏兵於九天之下
四通八達的公路
美麗的海上長城

軌條砦，軌條砦
反登陸一排排
曾經禦敵雄峙外海
如今落日餘暉照斜陽

大炮們正閒閒午夢
和平來得多麼不易
遙想當年的蕭殺
歷史總是不堪回首

讚美吧！那座大橋
巍巍聳立在金烈海域
宛如一條臥波長龍
猶似一道燦爛彩虹

晨曦中班長早點名：
「大金門小金門」「到」
「大膽嶼二膽嶼」「有」
三民主義統一中國

大三通小三通
水頭碼頭通石井碼頭
啓航吧！一笑泯恩仇

咱們都是一個中國

一座金色大門
屹立在九龍江口
慈湖湖水清澈
浯江流水悠悠

（創世紀詩雜誌 212 期 2022、8）

香 港

一

英國人來了
英國人走了
一個落後的小漁村
一個繁華的大城市

太平山上往下望
維多麗亞港多繁忙
金紫荊廣場走一回
天壇大佛照個相

二

祖國東南方海隅
一顆耀眼的明珠
紫荊花開得正燦爛
東方緩緩升起紅太陽

港珠澳大橋上
來往車輛正奔忙
風馳電掣超音速
京港高鐵已進站

「香港」一詩參賽獲獎證書

戰　爭 八首

1．北極熊出手了

北極熊出手了
從海上從空中從地面
三面挺進包圍，咻咻咻
震耳欲聾的炮擊子彈聲
響徹著一座座可悲的城市
土地在顫抖
房屋在顫抖
群樹在顫抖
空中的群鳥逃無可逃

北極熊出手了
牠無情的利爪
終於再也不裝了
正在大口大口的
撕扯著獵物的心臟
那些號稱臂膀
多麼強大的北約諸公
各個變成縮頭烏龜
誰來幫我誰來幫我
無助的吶喊響徹全球

2. 戰火正在燃燒

戰火正在燃燒
百姓四處奔逃
氣候嚴寒凜冽
道路險阻迢迢

戰火正在燃燒
人民逃無可逃
骨肉離散天涯夢斷
蒼茫大地遍野哀號

戰火正在燃燒
政客瘋狂冷笑
一群嗜血惡魔
地獄來的鷗鴉

戰火正在燃燒
世界掀起反戰波濤
滾滾洪流來了
無良政客哪逃？

3. 不忍看，不忍聽

不忍看，不忍聽
那火光爆裂的聲音

那大樓倒塌的畫面
電視機中一再傳來

電視機中一再傳來
那一具具焦黑的屍體
那一輛輛毀損的坦克
那滿臉驚惶奔逃的百姓

為什麼和平這麼難
為什麼政客這麼刁
為什麼世界這麼不公平
為什麼耶穌上帝不顯靈

不忍看，不忍聽
那寒風中忍痛的生離
那細雨中絕望的死別
電視機中一再傳來

4. 我不要糖果

我不要糖果，我要
媽媽，媽媽如今您在
何方？能夠再依偎您身旁
撒撒嬌嗎！像以往一樣
我會乖乖的乖乖的

我不要糖果，我要
爸爸，爸爸如今您在
何處？是否正拿著槍
和入侵的敵人斡旋
希望您一切平安

媽媽爸爸，如今我在
這裡，異國他鄉，舉目
無親，只有一群陌生的
叔叔伯伯阿姨，他們好心
照顧我，啊！我不敢大聲哭泣

爸爸媽媽，我多麼懷念
往日的生活啊！全家
和樂融融，何時能再回到
從前？為什麼會有戰爭
該詛咒的，這頭可惡的魔獸

5. 一具屍體躺在公路旁

一具屍體躺在公路旁
他草綠色的制服
猶冒著縷縷黑煙
身旁不遠處一輛坦克
忐忑的等待著

人們匆匆從他身旁走過
沒有人瞧他一眼
幾位軍人來了
從他口袋搜走一些東西
然後快速離開

夜幕降臨了
寒風陣陣吹襲著
他早已凍僵的軀體
幾隻野狗在附近出沒
嗥叫聲特別淒厲

而遠在幾千公里外
他的父母正倚門而望：
「××當兵前往異國打仗
如今一切可安好
啊！老天保佑吾兒平安」

6. 安娜與佳娜

安娜與佳娜
是一對金髮美女
安娜來自俄羅斯
佳娜來自烏克蘭

為了追求更高理想

她們不約而同跨海來台
異國他鄉形單影隻
同是天涯淪落人

命運安排她倆認識
彼此成為形影不離好友
感謝有妳——安娜
有妳真好——佳娜

俄烏戰爭爆發了
這對姊妹抱頭痛哭
怎麼會這樣啊祖國？
祖國啊怎麼會這樣？

7. 天哪！他還沒有出生

天哪！他還沒有出生
卻已經死亡
死在他媽媽的肚子裡
死在醫院的待產房內

一顆沒長眼睛的飛彈
粗暴的親吻了這家醫院
可憐的他連同他的媽媽
竟一起陣亡

血，汩汩的流著
他的媽媽死在搶救的擔架上
死在急急轉送的救護車上
死在眾人慌亂的目光裡

是誰害死了他們
是誰患下了如此惡魔的罪行
耶穌基督您為什麼不生氣？
真神阿拉您為什麼不顯靈？

8. 醫院已變成停屍間

醫院已變成停屍間
放眼處處是傷患
處處是死屍
醫生們難過搖頭嘆息

醫院已變成停屍間
放眼處處是血流
處處是傷口
護士們無助痛哭

老天啊老天
這是誰造的孽
老天默默
上帝無言

老天啊老天
這是誰造的孽
無恥政客
敗德政府

（2022年春）

韓先生來敲門

韓先生來敲門
敲開殘障弱勢者的門
用愛心把他們逐一扶起
像雨水親吻大地

韓先生來敲門
敲開 8171450 的門
讓陽光灑淨心靈
內心不再陰暗醜陋

韓先生來敲門
敲開中華民國的門
看現場國旗揮舞
青天白日照耀藍海

韓先生來敲門
敲開你家我家的門
敲開千家萬戶的門
敲走黑暗敲醒光明

後記：「韓先生來敲門」是一本書名，敘述韓國瑜與弱勢團
　　　體的互動故事。

2023 年詩選

台灣首富選總統

台灣首富選總統
一路玩到掛
背信棄義不講武德
人人幹譙眾人咒罵

他經常戴著一頂國旗帽
見人就行舉手禮
虛假的動作
掩蓋不了內心的空洞

他說他拜關公
其實他只是在搞公關
他說他在媽祖宮長大
卻沒有學到媽祖的慈悲

有人說他好比
三國時期的袁術
無德無行妄想稱帝
最後下場慘慘悽悽

也有人說他像
當年法國的拿破崙

一生精彩無比
卻敗在滑鐵盧一役

台灣首富選總統
喔！有錢也不能這麼任性
你嘴裡說愛中華民國
行動卻傷害中華民國

（2023 年秋）

光電板如魚鱗片

光電板如魚鱗片
一大片一大片貼在
南台灣的土地上
金光閃閃引人側目

從空中鳥瞰
這裡一堆那裡一撮
可憐我們的母親
已成破碎的山河

從雲嘉到高屏
從海邊到山上
慘不忍睹啊
那些黏緊緊的狗皮膏藥

它侵吞了
原本農作物生長的良田
它占奪了
虱目魚賴以養殖的土地

說什麼魚電共生
說什麼綠能共榮

如今是魚死網破
看不到希望的彩虹

是誰造成如今的局面
是誰破壞母親的容顏
又是誰把大把鈔票
塞進了吃得飽溢的口袋

趕快趕快把他們抓起來
那些禽獸食祿的朽官
那些貪得無厭的奸商
那些到處流竄的綠蟑螂

光電板如魚鱗片
一大片一大片貼在
我們的眼睛我們的口鼻
啊啊！我們無法呼吸

（2023 年秋）

何事擾亂我心

何事擾亂我心
在一個霧茫茫的冬晨
太陽欲露不露在天空
鳥兒欲飛不飛佇枝頭

是電視中傳來
那天災地變的訊息
無以數計的生命
一夕之間化為烏有

從這個城到那個城
從這個國到那個國
四處是斷垣殘壁
四處是哀號撕心

冰冷的冬風
猶在呼呼的吹著
接近零度的低溫
多少人戶外瑟瑟發抖

而餘震仍在繼續
而人禍爭戰猶在糾結

何事擾亂我心
在一個沉悶的冬晨

後記：2023 年 2 月 6 日凌晨土耳其南部接壤敘利亞邊境發生
　　　芮氏規模 7 點 8 的強烈地震，造成無數房屋倒塌，兩
　　　國共數十萬人員傷亡。

（2023 年 2 月）

那一頂斗笠

那一頂斗笠
曾經被風吹
曾經被雨淋
曾經為我們頂住艷陽
曾經讓我們不被風襲
那一頂斗笠
從阿公阿嬤那代傳來
有多少回憶
值得我們仔細品藏珍惜
如今它六十年了
一甲子何其不易
是多少人以心血灌溉
是多少人無私精神犧牲奉獻
為它我們燃一串煙火
向世人向詩人們昭告
笠，台灣人的笠
笠，植根在本土的笠
笠，要再奔向七十八十大壽

（「笠」詩刊 356 期 2023 年 8 月）

政 治二首

1. 潑糞大賽

潑糞大賽開始了
甲選手猝不及防的
往乙丙身上各潑了一桶
大便，乙丙狼狽不堪稍稍回神
也回敬甲更大桶的米田共
三人面紅耳赤相互指責
現場氣氛尷尬臭不可聞

擂台下原本充滿期待的
觀眾，各個看得目瞪口呆
逐漸興致索然，散了
散了，擂台下觀眾稀稀落落
噓聲四起，而那些所謂的
名嘴，猶在電視上喋喋不休
喋喋不休不斷引燃戰火

2. 朽木為官，禽獸食祿

「朽木為官，禽獸食祿」
忍無可忍之後，那人
終於說出了這句話
一時引起輿論洶洶

誰是那棵朽木？
誰是那隻禽獸？
廟堂之上大家紛紛相望
沒人承認沒人否認

一陣沉默螺旋之後
朽木繼續為官
禽獸依然食祿
國家伊於胡底

（2023年春）

故鄉的夏日

天剛微微亮
雀兒們已在枝頭歡唱
飛上飛下飛東飛西
展開一天忙祿的生活

昨晚一場及時雨
滋潤了田野綠美了山崗
萬物欣欣以向榮
池塘裡池水滿溢魚兒歡暢

果園裡熱鬧萬分
木瓜芒果龍眼椰子
群樹們不甘示弱紛紛展示
它們枝上果實的碩大

兩隻喜鵲站在電線桿上
歡悅的嘎嘎嘎大聲宣示
牠們築在高枝的愛巢
剛剛誕生一對可愛寶寶

水田裡隆隆的耕耘機聲
吸引了各方鳥兒紛紛前來

泥土翻鬆昆蟲紛飛竄逃
都成了牠們美味的大餐

巡行天空散放熱力的太陽
終於也倦了緩緩西下
涼風習習晚霞流金
南台灣故鄉最美的夏日

（大陸「陽光國際文學週刊」363期）

秋水之神
——悼涂靜怡主編

暑氣方消秋臨大地
您卻離我們遠去
去到一個寧謐的地方
您可以安心休息

八十八載人生
苦樂憂傷俱嚐
人生有太多無奈
短暫一生猶如石火電光

而您保握每一時每一刻
為最摯愛的詩歌付出
至死猶不悔啊
犧牲奉獻精神令人敬仰

我們將步您的後塵
為詩歌大業再舉高旗
並將您拱上詩之高壇
尊您為秋水之神

後記：「秋水」詩刊前主編涂靜怡女士，不幸於今年9月6
日深夜辭世，享壽88歲。涂主編生前為秋水詩刊奉獻40年，
名聞兩岸詩壇。當消息傳開，兩岸詩人同表惋惜與哀悼！

（洛陽「牡丹園」詩報）

悼　詩二首

懷念麥穗兄

您在田地裡種麥
辛辛苦苦幾十年
田地裡結滿了穗子
您擦擦汗滿意的笑了

您在森林裡種樹
辛辛苦苦一甲子
詩的小樹都已長大
正吐露著滿山芬芳

您也在「三月詩會」種詩
整整二十五個年頭
當年一起種詩的人都走了
您堅持留到最後

您在「秋水」裡種詩
您在「葡萄園」裡種詩
您在兩岸各大詩刊種詩
您已把自己種成詩的大樹

後記：有森林詩人之稱的麥穗，本名楊華康，新北市烏來人。
　　　今年元月 6 日病逝，享壽 93 歲。詩人麥穗一生著作豐
　　　富，尤其對新詩的史料收藏特別有興趣，又有新詩史
　　　料館館長的雅稱。

悼古遠清老師

一

匆匆的您走了
等不及 2023 的太陽
新冠惡魔太猖狂
奪走了您的呼吸

但奪不走的是：
您畢生恢宏的學術著作
它們將在華文文壇發光
且愈久愈亮愈輝煌

二

終於可以好好休息了
累積數十年的疲勞
您像魚悠游在學術殿堂
苦在其中樂也在其中

我從凡塵中向您仰望

您在星空中向我招手
路漫漫其修遠兮
吾將上下而求索

後記：

　　武漢中南財經政法大學教授，畢生研究台港澳及海外華文文學卓有成就的古遠清老師，因染疫而於 2022 年 12 月 27 日病故，享年 82 歲。兩岸文壇得知，皆感震驚與不捨！

　　我與古兄相識已有三十餘年，一直以來維持著亦師亦友的關係。近十數年來，他委託我在台代購各種文學書籍、期刊以為研究之用。直到他逝世前不久，還委託我代購兩本陳芳明教授的鉅著『台灣新文學史』。我寄出後他尚未收到，卻已病逝，誠憾恨也！

　　憶昔三十多年來與古遠清老師相處，不管是在大陸各地的學術研討會或他應邀來台訪問、講學，我去探視他，我們猶如一家人般的歡聚，毫無隔閡與客套。

　　古老師為人謙沖、隨和，不管對學生或朋友，只要和他接觸相處過的人，都有如沐春風的感覺。但他對學術正義的堅持，與他認為的一些學術界虛假矯情的批判，卻是不遺餘力的。

　　記得最後一次見面是在約五年前，他和夫人一起來台北市參加一項學術研討會，會議期間我去探視他並請他們夫婦吃中餐。餐後由於古兄下午還有會，就請我帶他的夫人到台北市近郊走走。記得那個下午我陪古夫人到北投地獄谷去

玩，並照了很多相片。古夫人玩得很盡興。古兄看完了我用
微信傳給他的照片也很滿意。如今，一切都已成追憶矣！

（「文訊」月刊 2023 年 3 月號）
（台灣「祖國」雜誌）
（大陸「工農文學」雜誌）

以巴戰爭三首

1. 加薩走廊

一個大型的露天監獄
三面陸界被鐵皮高牆包圍
一面瀕臨地中海
也被敵方以船艦嚴密監控

面積僅約一個台北市大
卻擠了兩百多萬人口
人民在貧窮線上掙扎
很多小孩來不及長大

仇恨從小植入他們腦裡
哪裡有壓迫哪裡就有反抗
猶太人欺我太甚
我們誓死與汝周旋到底

一個天剛拂曉的清晨
哈瑪斯戰士終於展開了行動
漫天的火箭彈齊發
中東火藥庫再次大爆炸

2. 我被射殺，我驕傲

我被射殺，我驕傲
我倒下了，我光榮
與其屈辱的活下去
不如勇敢作一回自己

媽媽、親愛的家人
臨死前我把訊息傳給你們
想來你們也以我為榮
也為我感到驕傲

我向一輛敵人坦克
勇敢的丟擲石頭
丟擲出我生平的憤怒
丟擲出我累積的怨恨

一陣無情的機槍掃射
我倒在敵人槍口下
倒在該下十八層地獄的
猶太人的獰笑聲中

後記：報載，一巴勒斯坦青年，在街頭以石頭丟擲以軍坦
克，並迅速被槍殺。其父母親人得知消息後，皆以
此青年人為榮。

3. 把你的名字寫在腿上

把你的名字寫在腿上
孩子，不要哭
媽媽的心比你還痛
媽媽的心此刻正在淌血

炮彈像大雨般密集
斷垣殘壁之中
誰知道誰的未來命運
能否再見明天的太陽？

孩子，在屍橫遍野瓦礫堆中
我瘋狂的尋找
尋找你一丁點生還的訊息
尋找你遍體鱗傷的屍體

憑藉著這一丁點線索
我終於確認了你
孩子心愛的寶貝
來不及長大今年你才五歲

後記：以巴戰爭，巴勒斯坦的母親紛紛將自己幼兒的名字寫
在腿上，以方便辨認生死。

秋遊野柳地質公園

秋遊野柳地質公園
看一條崎嶇海岬
伸進碧藍大海
似一把長長的利劍

施施然我走入園區
一大群奇岩怪石
紛紛向我奔來
洗滌我疲憊的眼睛

遍地生長的蕈狀石
像一朵朵超大蘑菇
又似來到外星人基地
處處危機處處驚喜

幾隻碩大的石燭
是誰在海邊擺立
造型完整奇特
一道亮麗的風景

終於來到女王頭前
多年未見她風采依舊

一群人排成長長隊伍
只為了和她美美合影

沙灘上一隻怪異鞋子
吸引了我的目光
大自然以風雨雕塑
又傳說當年某仙女所留

一隻海象在海中泅游
神態優雅只露出口鼻
更遠處單面山巍巍聳立
大自然最美的屏風

秋遊野柳地質公園
天青氣朗微風徐徐
幾隻船兒在海中航行
一群鷗鳥空中盤旋不去

國三生之死三帖

一

死了一名國三生之後
每人心中彷彿挨了一箭
痛苦萬分
血汩汩的流淌

似乎一夕之間
我們回到遠古叢林社會
盜賊橫行，人們出門
必帶刀帶槍以自衛

二

殺一個人免死
殺兩個人免死
法律專門保護壞人
為虎作倀的廢死聯盟

說好的社會安全網呢
還要犧牲多少無辜生命？
今日公祭明天忘記
反正老娘只剩半年任期

三

小孩不准打不准罵
老師們被綁手綁腳
校園成了三不管之地
我們教育出了大問題

而更可怕的是
一群有毒政客
正企圖斬斷我們的根
台灣變成一座漂浮之島

後記：日前，一名國三生在教室內，因小事遭隔壁班男同學
　　　以預藏之彈簧刀刺死，震驚社會各界！

（2023 年冬）

後　記

　　《南方的呼喚》是我的第 14 本詩集，也是我近八年來（2016－2023）的詩選集，全書共收錄作品 182 首。

　　記得 2015 年出版第 12 本詩集『歲月星語』時，期許往後每五年能出版一本詩集，直到自己老到無法提筆為止。想不到歲月匆匆，一晃早已超過五年達到八年了。幸好 2019 年冬季，由於要前往彼岸參加一項詩學盛會，臨時決定出版一本八行詩集『種詩的人～（八行詩 300 首）』。如此算來八年之中這應是我的第二本詩集，沒有嚴重背離自己的諾承。

　　最近兩年來，由於自己年紀已過七十大關，感覺身體每況愈下。不是這裡出了問題，就是那裡出了問題，到醫院報到的頻率增加不少。今年上半年和幾位好友搭機前往澎湖旅遊，想不到抵達的第一天晚上，半夜起床尿尿竟尿不出來，當時不知事情的嚴重性，第二天早上竟又和大家搭船到離島的七美、望安島去旅遊。結果在船上痛苦萬分、飽受折磨。直到中午船在望安島靠岸，領隊才緊急請人以摩托車載我到島上的衛生所就醫。幸賴值班醫生仁心仁術，立即幫我導尿，始化險為夷。

　　旅遊返台後，至北部與南部兩家大醫院作攝護腺切片檢查，發現得了攝護腺癌二期。兩家醫院泌尿科醫生都說要開刀，若以較先進無副作用的達文西機器開刀，要自費約台幣 20 萬元。我不想開刀，問南部這家醫院醫生是否有其他辦法？幸賴

這位好心的林育緯醫生幫我轉診到同一家醫院的地下室腫瘤科，腫瘤科的詹凱翔醫師細心詢問，隨即安排我接受一台叫「好神刀」的放射性癌症治療。後來我在「好神刀」做了 42 次放射性治療（每星期 5 次），前後費時兩個多月，再加上每月要在肚皮挨上一至二針的「荷爾蒙」療法。雙管齊下，兩個多月後我的癌症指數達到安全範圍，但今後仍要定期返院檢查。

經過這一次罹癌震撼洗禮後，我感覺我的生命已危機四伏可能離終點站不遠了。佛家有云：「明天與意外，哪一個會先到來？」人到了這個年紀，要能有所體悟、要能未雨綢繆。是的，趁現在身體還行，要趕快將自己歷年心血的結晶做一個了結，對自己也對摯愛的詩神有所交待。

以下且再談談我對新詩創作的態度。我覺得詩寫出後若要發表，給讀者欣賞，那麼就要寫得讓人看得懂、能感，讓人有跡可循。詩不是散文，不能大白話說到底，但也不能像詰屈聱牙的謎語，讓人認真讀了幾遍後仍一頭霧水。我感嘆寫詩寫了幾十年，但很多發表在各大報紙、詩刊的新詩，我認真讀了幾遍仍「有看沒有懂」、「沒有懂也無感」。是我欣賞的程度還不夠？還是這些詩人寫詩的技巧太「高超」，超過一般讀者的理解與想像？這些詩大量充斥在市面上，讓人搖頭嘆息。詩原本就是小眾文化的詩，如今更已成為詩人們自行生產自行關起門來自嗨的產物。

筆者的詩一向偏於明朗，「明朗、健康、中國」是我一生中詩歌創作的指標與原則。去年九月，好友陳福成兄為我先前出版的十幾本詩集寫了一本賞析的評論集。寫好後他問我書名要取什麼，我毫不猶豫的告訴他，就取名「明朗、健康、中國」

吧！當然「明朗、健康、中國」這個口號也不是我首創的，而是我的詩壇老師文曉村早年主編『葡萄園』詩刊提出來的。我是十分認同這個理念，在我接續他的棒子主編『葡萄園』詩刊的二十年期間，從來沒有偏離這個方向。

這本詩集的名字為什麼叫『南方的呼喚』？這是因為這本書裡有一首詩的題目就叫「南方的呼喚」。我是北部人，考大學分配到台南市的成功大學，這是我的生命首次在南方度過。大學四年畢業後，當兵兩年又抽籤到高雄鳳山衛武營，在那兒度過兩年時光。緊接著退伍後又在高雄市娶妻生子就業若干年。後來雖說搬回北部，但這幾十年來為探視照顧居住於南方的老岳父，每年總要和妻開車返回南部多趟，不知不覺中我的生命早已和南方脫離不了關係。如今只要有一陣子沒回南部，內心就有一種呼喚響起。於是，我決定我的第 14 本詩集的題目就叫「南方的呼喚」吧！

最後感謝有「文壇多面快手」之稱的福成兄幫忙寫序，文史哲出版社社長彭正雄及其女兒彭雅雲女士百忙之中答應幫忙出版。

（2023年冬寫於新北市鶯歌寓所）

創作年表

一九五一年 （民 40 年）	出生
一九五八年 （民 47 年）	就讀鶯歌國小
一九六四年 （民 53 年）	就讀松山初中
一九六七年 （民 56 年）	就讀板橋高中 （受三哥影響，對文學產生興趣，課餘大量閱讀各類文學書籍。）
一九七〇年 （民 59 年）	就讀成功大學外文系 （大三開始對新詩產生興趣，並嚐試創作。）
一九七四年 （民 63 年）	成大外文系畢業 （自行打印 30 首創作，出版「大學紀念詩選」。）
一九七六年 （民 65 年）	服役兩年（在鳳山衛武營軍法室當收發士） （持續創作，經常有作品在青年戰士報「詩隊伍」雙週刊及「笠」「綠地」「山水」等詩刊發表。） （參加詩人畫家朱沉冬在高雄學苑授課的「文藝創作班」，認識一些南部詩人，同時也認識未來的老婆薛美雲。）
一九七七年 （民 66 年）	退伍 （出社會謀職不順，脫離詩壇，中斷詩創作 12 年。）
一九八九年 （民 78 年）	偶然姻緣際會，加入『葡萄園』詩刊為同仁，重新拾起詩筆。
一九九三年 （民 82 年）	出版兩本詩集『生命樹』（新詩集）、『鄉下風光』（童詩集）。 8 月，參加「葡萄園大陸詩人訪問團」一行 12 人，為期 30 天，計訪問北京、西安、洛陽、開封、鄭州、武漢、重慶、貴陽八大城市。

一九九四年 （民 83 年）	出版第三本詩集『故鄉之歌』（葡萄園詩叢）。 春季，開始執編『葡萄園』詩刊。從 121 期至 136 期，為期 4 年。 8 月，參加在台北舉辦的第 15 屆世界詩人大會。
一九九五年 （民 84 年）	9 月，參加「中國詩歌藝術學會」訪問團，一行九人，為期一個月，訪問大陸哈爾濱、瀋陽、北京、石家莊、洛陽、鄭州、開封、上海、杭州共九大城市。
一九九六年 （民 85 年）	第 4 本詩集『繭中語』，由大陸遼寧民族出版社出版。
一九九八年 （民 87 年）	春季，開始主編『葡萄園』詩刊。從 137 期至 201 期，為期 16 年，至 2014 年春為止。 8 月，於台北市中央圖書館台灣分館與浙江開化詩人畫家章安君聯合展出奇石詩畫展，同時出版第 5 本詩集『石與詩的對話』（詩藝文版）。
一九九九年 （民 88 年）	5 月，與詩人麥穗應邀前往湖南益陽參加由『散文詩刊』主辦的「第 12 屆全國詩刊報協議會」，並前往張家界採風。
二〇〇〇年 （民 89 年）	主編『不惑之歌』（葡萄園 40 周年詩選集）詩藝文出版社。 主編『百年震撼』（台灣九二一大地震詩選集）詩藝文出版社。 出版第 6 本詩集『見震九二一』（文學街出版社）。 9 月，應北京中國作協之邀，與文曉村、王祿松、金筑、秦嶽等共 11 位詩人，參加「九州行訪問團」，至成都、重慶、北京三地訪問 14 天。
二〇〇一年 （民 90 年）	出版第 7 本詩集『發現之旅』（內蒙古科技出版社）。 主編『詩藝飛揚』（中國詩歌藝術學會會員選集）文史哲版。 6 月，獲「中華民國新詩學會」頒發「詩運獎」。 8 月，出席大連舉辦的「第 6 屆國際華文詩人筆會」，會後順至山東泰山、濰坊等地拜會詩友。 12 月，獲中國詩歌藝術學會頒發「詩歌編輯獎」銅雕獎座一座。

二〇〇二年 （民 91 年）	第 8 本詩集『台客短詩選』（中英對照）由香港銀河出版社出版。 6 月，獲『石之藝術』雜誌，頒給「專欄作家」聘書一紙。 9 月，參加由「葡萄園」詩刊同仁組成的「詩歌文化之旅」，前往鄭州、西安、甘肅敦煌、酒泉、蘭州、重慶等地訪問 12 天。
二〇〇五年 （民 94 年）	第 9 本詩集『星的堅持』由重慶出版社出版。 首本詩論集『詩海微瀾』由文史哲出版社出版。 主編『詩藝拾穗』（中國詩歌藝術學會會員選集）文史哲版。
二〇〇六年 （民 95 年）	9 月，參加由重慶西南大學中國新詩研究所舉辦的「第二屆詩學名家國際論壇」研討會。
二〇〇七年 （民 96 年）	第 10 本詩、散文合集『與石有約』，由台中偉霖公司出版。
二〇〇八年 （民 97 年）	7 月，散文「那一條清清小溪」，獲空中大學空中飛人獎。 8 月，參加由「清溪新文藝學會」舉辦的「江西九江行」，前往南昌作協交流座談。會後順遊三清山、龍虎山等地。
二〇〇九年 （民 98 年）	主編中國詩歌藝術學會會員選集『詩藝浩瀚』（文史哲版）。 首本主題性散文集『童年舊憶』由文史哲出版社出版。 參加澳門回歸十周年舉辦之「澳門之歌」歌詞大賽，獲「入圍獎」，並親至澳門參加頒獎典禮。 8 月，參加在廣東惠州舉辦的「第 12 屆國際華文詩人筆會」。 11 月，參加由重慶西南大學中國新詩研究所舉辦的「第三屆詩學名家國際論壇」研討會。
二〇一〇年 （民 99 年）	5 月，參加在安徽安慶市舉辦的「第 13 屆（文博園）國際詩人筆會」，並至天柱山、九華山等名勝採風。

	8月，參加「中國詩歌藝術學會」舉辦的「南京、黃山文化交流之旅」，為期8天。 12月，參加在台北舉辦的「第30屆世界詩人大會」。
二〇一一年 （民100年）	4月，參加由「中國詩歌藝術學會」組團，在成都舉辦的「巴蜀閩台文化研討會」，會後順遊三星堆、海螺溝、康定等地。 9月，應山西芮城「鳳梅人」報之邀，與陳福成、吳信義、吳元俊等6人，前往參加當地盛大舉辦的「關公文化節」活動。會後順遊喬家大院、平遙古城、五台山等名勝。 10月，參加由「中國詩歌藝術學會」舉辦的「福建訪問團」，並前往武夷山、湄州等地旅遊。
二〇一二年 （民101年）	第11本詩集『續行的腳印』由釀出版社出版。 主編中國詩歌藝術學會會員選集『詩藝天地』（文史哲版）。 主編『三月采風』（三月詩會20周年選集）（文史哲版） 主編『半世紀之歌』（葡萄園50周年詩選集）（詩藝文版） 4月，與林靜助等多位詩人前往新加坡，參加「隨筆南洋文化協會」主辦的兩岸三地詩歌活動。 6月，與詩人傳予前往廣東韶關，出席當地「五月詩社」創立30周年慶，並至丹霞山、南華寺等名勝採風。 12月，參加由重慶西南大學中國新詩研究所舉辦的「第四屆詩學名家國際論壇」研討會，並前往巫山採風。 （會前獲呂進所長之邀，偕數位海外及大陸知名詩人，前往四川、貴州交界的郎酒集團總公司參觀，每人獲贈50年及30年醬香郎酒各一瓶，及一萬元人民幣紅包。）

二〇一三 （民 102 年）	參加西藏山南地區為慶祝雅礱文化節舉辦的『藏源、藏緣』徵文比賽，獲二等獎。
二〇一四年 （民 103 年）	主編『我們這一班』（成大外文系 63 級畢業 40 年散文集）（文史哲版） 1 月，由香港「世界華人詩報」主辦的「第二屆華人新詩大獎賽」，以「月琴」一首，獲銅牌獎。 10 月，參加由重慶西南大學中國新詩研究所舉辦的「第 5 屆華文詩學國際論壇」，並至武隆採風。
二〇一五年 （民 104 年）	第 12 本詩集『歲月星語』（文史哲）出版。 第 2 本散文集『窗外的風景』（文史哲）出版。 「西藏旅記」等 6 篇散文，獲選入『中國散文精選・台灣卷』（長江文藝出版社） 主編『回首千山外・詩人作家創作回憶錄』（文史哲版），計收入兩岸及海外共 34 家作品。
二〇一六年 （民 105 年）	4 月，獲洛陽「牡丹園」詩報主編海青青聘為「顧問」。
二〇一七年 （民 106 年）	參加在福州舉辦的「第五屆海峽兩岸文學筆會」，並前往太姥山等名勝採風。
二〇一九年 （民 108 年）	9 月，第 13 本詩集『種詩的人』（八行詩 300 首），由文史哲出版。 10 月，與詩人方明前往河北唐山，參加「第 19 屆國際詩人筆會」。
二〇二〇年 （民 109 年）	12 月，大陸世界華人文學總社聘為「簽約作家」，為期 4 年。
二〇二一年 （民 110 年）	11 月，『鹽分地帶文學』雜誌 95 期，刊出台客「鄉居散記」散文一篇。 12 月，「車行西部海岸」一首，獲第二屆香港紫荊花詩歌獎優秀獎。
二〇二二年 （民 111 年）	1 月，由詩人作家陳福成著作的『中國新詩百年名家作品欣賞』（文史哲版），將台客列入其中一章討論。 3 月，北京『工農文學』春季號刊出台客「虎年之

	歌」、「啊！海地」、「悲摧阿富汗」詩 3 首。
	6 月，『世界詩人』雜誌（香港）總第 18 期，刊出台客「走近張家界」詩一首。
	6 月，『創世紀』詩雜誌從 209 期起連續 4 期，刊出台客的組詩「故鄉之歌」、「澎湖行」、「嘉明湖之旅」、「金門之旅」。
	6 月，「笠」詩刊 349 期，刊出台客「2022 春夏疫情記事」詩一首。
	9 月，詩人作家陳福成於文史哲出版社出版『明朗健康中國』（台客現代詩賞析）一書。全書厚 353 頁。
	12 月，「香港」一詩，獲「我為香港寫首詩」全球華語詩歌大賽優秀獎，作品選入專書。
二〇二三年（民 112 年）	3 月，悼詩「懷念麥穗兄」、「悼古遠清老師」二首，刊於『文訊』月刊，後又轉載於台灣『祖國』雙月刊及大陸『工農文學』季刊。
	6 月，詩評「詩的本真、本真的詩──王學忠新詩文讀後感」一文，刊於河北邯鄲市文聯主辦的『陶山』雜誌。
	8 月，「那一頂斗笠──賀笠詩刊創刊 60 年」一詩，刊於『笠』詩刊 356 期。
	8 月，「秋水之神──悼涂靜怡主編」一詩，刊於洛陽『牡丹園』詩報。
	12 月，「故鄉的夏日」一詩，選入黑龍江省『北國作家』網刊 57 期。